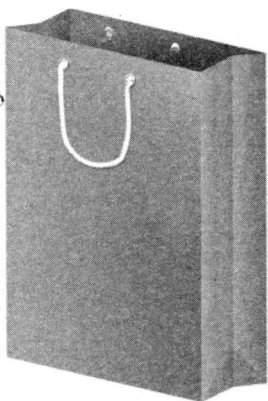

品 牌 的 建 设 与 营 销

TO SATISFYTHE CUSTOMER

像满足情人那样满足顾客

AS TO SATISFY THE LOVER

范军 著

作家出版社

图书在版编目（CIP）数据

像满足情人那样满足顾客：品牌的建设与营销/范军著.
－北京：作家出版社，2010.6
ISBN 978 – 7 – 5063 – 5422 – 6

Ⅰ.①像… Ⅱ.①范… Ⅲ.①企业管理 – 市场营销学
Ⅳ.①F274

中国版本图书馆 CIP 数据核字（2010）第 107241 号

像满足情人那样满足顾客：品牌的建设与营销

作者：范　军

责任编辑：安　然　田小爽

装帧设计：视觉共振

出版发行：作家出版社

社址：北京农展馆南里 10 号　　　　邮码：100125

电话传真：86 – 10 – 65930756（出版发行部）
　　　　　86 – 10 – 65004079（总编室）
　　　　　86 – 10 – 65015116（邮购部）

E – mail：zuojia@ zuojia. net. cn

http：//www. zuojia. net. cn

印刷：紫恒印装有限公司

成品尺寸：133 × 214

印张：9.75

版次：2010 年 7 月第 1 版

印次：2010 年 7 月第 1 次印刷

ISBN　978 – 7 – 5063 – 5422 – 6

定价：25.00 元

目　录

1. 一个法国女人和她的香奈儿5号

一天，菲律宾的一个渔夫，慢慢走进一家装潢得富丽堂皇的精品店。他的到来引起其他顾客和店员的关注。但他不以为然，神情自若，走到柜台前。

"您需要什么吗?"

渔夫没有开口，默默伸出五根手指。

店员知道他要买什么了。

于是，渔夫满意地拿着他的所选，离开了。

他离开了，带走了一瓶香水: Chanel N° 5。

这个故事是真实的，还是杜撰的?

几乎没人刨根问底。

人们只是津津乐道地讲述着这个故事。

是啊，围绕着香奈儿、香奈儿5号香水的故事、传闻、轶事，不可胜数。

因为香奈儿，因为这个法国女人，本身就是一个传奇。

嘉柏丽尔·香奈儿 (Cabrielle "coco" Chanel; 1883-1971) 家境贫寒。五岁时，她的母亲死于肺病，之后，父亲神秘地失踪了。自此，香奈儿开始了坎坷、艰辛的孤儿院生活。

香奈儿是个喜欢幻想的女孩，十几岁时在一家针织店当店员，就梦想着成为一名明星。为此，她还到一间酒吧唱歌。当然，此时的她已出落得楚楚动人了，身边不乏富家子弟的追求。美貌加上梦想，让她开始踏入上流社会的交际圈，结识了众多有权有势的富家子弟和艺术界的年轻俊杰。之后，她与一名实业家成双入对，又在他的襄助下开始了服装设计之路。

香奈儿的设计生涯始于1908年。两年之后，人们就送给她一个可爱的绰号："coco"——成为香奈儿品牌的一个重要标志。

1913年，香奈儿的第一家时装店开张。

1916年，香奈儿推出了毛织运动衫。

1921年，香奈儿5号香水问世。

1924年，香奈儿香水公司成立。

……香奈儿以设计俭朴、实用的服装而闻名。她为女人设计的裤装、小黑裙，以斜边及铜制钮扣修饰的无领夹克，都是其风格的"杰出代表"。她善于突破传统，成功地将"五花大绑"的女装推向简单、舒适，这也许就是最早的现代休闲服了。

香奈儿时装具有高雅、简洁、精美的风格。

1939年二战爆发期间，香奈儿的生意也受到了严重影响，除了其公司所在地坎朋街3号还可继续营业，其他的店只好被迫停业。直至1953年，其他店才又重新开张。这个时候，香奈儿已是70岁高龄。

香奈儿要东山再起。

如果说香奈儿是个传奇，传奇又离不开男人。

香奈儿是个传奇。在传奇的插页里：她睡觉时都在设计；她的剪刀总是放在床头柜上；她经常睡到一半会突然起身，然后剪裁起来……

但是，香奈儿却说：

"上帝知道我渴望爱情。但若要我在心爱的男人和我的服装之间做出选择，我仍会选择服装。"

"工作令我着迷，虽然我不知道香奈儿生活里没有男人会变成什么样子。"

1971年，香奈儿不幸与世长辞。她去世的前一天还在进行春装设计。

香奈儿是个传奇。在传奇的插页里：她睡觉时都在设计；她的剪刀总是放在床头柜上；她经常睡到一半会突然起身，然后剪裁起来……

香奈儿创造了她的品牌，又用一生的时光为这个品牌增添着谜一样的光环。她把爱和岁月之床放在了饭店——她在巴黎最好的饭店一住就是40年。

香奈儿走了，留下一句佳话："当你找不到合适的服装时，就穿香奈儿套装。"

香奈儿走了，留下的不止经典的黑白配、简洁中的见奢华……

现在，再回到1921年，回到香奈儿光彩夺目的时代。

这一年，香奈儿推出了她的香水。

Chanel N° 5让5这个数字成为香水界的一个魔术数字，代表一则美丽的佳话。N° 5是Chanel的第一瓶香水——第一款合成花香调和香水，灵感来自花束，融合了奢华与优雅，并且具有勇敢与大胆，完全打破传统的精神。同时，她又有一种微妙与难以言喻的特质，是一种女人的表达方式。

围绕着Chanel N° 5还流传着一则故事。据说当时巴黎香水界的"名鼻"Ernest Beaux研制了多款香水样品，让香奈儿挑选最合心意的一款，她挑了第5款，并简洁地把她的幸运数字No. 5定为此款香水的名字。这款香水推出的那天正好是5月25日，在香奈儿的5号店。香奈儿崇尚简洁之美，希望以简单而不花哨的设计为最初诞生的香水做包装。结果，长方体附以利落线条的香水瓶，状如宝石切割般形态的瓶盖，Chanel N° 5的黑色字样呈现于白底之上。

1953年，Chanel N° 5成为第一个使用电视打广告的商品。

1956年，Chanel N° 5被美国纽约大都会博物馆收藏。

时至今日，Chanel N° 5依然成为白领女性的最爱。

难怪，玛丽莲·梦露只"穿"Chanel N° 5睡觉。

香奈儿说过："不用香水的女人没有前途。"

香奈儿用这句话，为自己的香水做了最好、也是最美丽的广告。

评述

Chanel N° 5广受青睐和赞誉，是产品与始创人两者魅力的融合。

Chanel N° 5从它的产生、命名、配方、包装，既与众不同，又充满了故事。它是唯一以人名和数字作为名字的香水；它规避了一般香水模仿花香的做法，而是将乙醛、植物与多种鲜花结合，制造出了前所未有的独特的香味；它不像其他化妆品那样在包装瓶上点缀过多的花哨，而是让包装瓶成为一个简简单单却又极具美感的药瓶状——它的现代美感，令其成为一件当代杰出艺术品。

香水是好香水，无可挑剔。

但是，如果没有香奈儿作为女人的美貌与天资，没有香奈儿与一些男士的风流和韵事，Chanel N° 5的魅力恐怕就要大打折扣了。

这就是独一无二的品牌"核心价值"了，无人可以模仿。

一位法国前文化部长曾有一句评价："20世纪法国将有三个名字永存，戴高乐、毕加索和香奈儿。"

人们珍视香奈儿，为香奈儿的传奇一生着迷，为此，购买Chanel N° 5。

链接

今天的香奈儿品牌跟它的创始人香奈儿已经没有了任何血缘关系，其品牌屹立不倒，又是一个传奇。

但是，不是一开始就一帆风顺。

一代又一代的设计师在香奈儿权威的"套装模式"下，设计上亦步亦趋，以至香奈儿时装魅力在一个辉煌的名字下也一点点地褪色。直到1983年，德籍设计天才卡尔·拉格菲尔德（Karl Largerfeld）"接管"了香奈儿公司，不但正确把握了香奈儿的设计原则与精神，并以他独特的自由、任意、轻松的设计心态将香奈儿的设计推陈出新，给香奈儿品牌注入了强大的活力。

今天，香奈儿（Chanel）产品代表着华丽、现代与摩登。

"coco"也成为朗朗上口的少数名师的名字之一。

2. 芝华士：来自苏格兰的 "骑士风范"

茫茫人海中，每个人都为了自己而四处奔波，难道，这就是我们唯一的前进方向吗？

不！

让我们为荣耀干杯！

为绅士风度得以长久流传，为心怀他人并乐于伸出援手，为恪守承诺干杯！为我们中的勇士，为真正懂得何为人生财富，为共同拥有这种行为方式在世俗中脱颖而出干杯！

为我们干杯！

芝华士，活出骑士风范。

直到最后一句，人们才知道，那沉稳、果敢的声音传递过来的温暖和理想，以及清新自然的画面，是一个广告。

但，一颗心已经被深深地感染了，并记住了一个名字——芝华士（CHIVAS）。

竞争，忙碌，疲惫，惆怅，怀想……如今，人们每一天都是步履匆匆，疲惫不堪，当江湖远去，英雄退隐，夜幕降临之际，多么仰慕那一情景：风雨交加之夜，一个骑士来到酒铺，他的眼睛深邃，面孔苍凉，站在暗淡的灯火下，豪饮一杯，放下酒钱，之后推门而出，迎着风雨，策马而去。

一杯酒，唤起久远的缅想。

一杯芝华士，饮不尽历史沧桑。

威士忌（Wishkey）是一种由大麦等谷物酿制，在橡木桶中陈酿多年后，调配成43度左右的烈性蒸馏酒。英国人称之为"生命之水"。古苏格兰部落时期，生活很粗陋，威士忌酒也较粗劣，是一种烈酒，人们往往一饮而尽。在恶劣的环境下，各个家庭的人们联合了起来，部落形成了。私利消失，取而代之的是一种共有感。那威士忌的角色是什么呢？对早期的部落而言，威士忌就象征着生命。每个晚上，部落的人们都会举着威士忌对着夜天祝酒，祈祷次日能继续生存。"生命！"——他们这样喊道，而威士忌则在他们体内燃烧，仿佛为他们不息的生命而庆祝。

因此说，芝华士的诞生，是"生命"的延续，是一个真正的传说。

CHIVAS源自古苏格兰的SCHIVAS，慢慢演变成一个姓氏。芝华士的历史追溯到200多年前，最早建于1801年的芝华士兄弟公司，位于苏格兰东北海岸线上繁华的阿伯丁镇上，一家生意兴隆的杂货店。James Chivas和John Chivas出于对威士忌事业的无比沉醉，兄弟俩遍访欧美大陆，成为最早发现威士忌酿制秘密的先驱：橡木桶的艺术——用来酝酿威士忌的橡木桶的品质对将来威士忌的口味有着巨大的影响；调和的艺术——将几种麦芽威士忌和谷物威士忌调和在一起便可以得到一种更美味，风格更独特的威士忌。种种发现使得芝华士兄弟成为19世纪调和威士忌的先行者。

1842年秋天，维多利亚女王首次造访苏格兰，迷恋上了苏格兰珀斯郡（Perthshire）的田野风光。这次访问的一位王室主办人是詹姆斯·芝华士的顾客，因此向芝华士采购了大量王室宴会所需的饮料食品。芝华士兄弟提供的产品和服务深受王室的赞许。1843年8月2日，詹姆斯·芝华士被永久委任为"皇家供应商"，授权他们向维多利亚女王供酒。这是由维多利亚女王颁发的系列皇家奖章中的第一枚。

这之后，芝华士兄弟的威士忌名声远扬。

有人说，若把苏格兰的纯净、睿智、丰饶和别致融合在一起，就是被世界上无数人视作生命的，最让人沉醉的芝华士。

苏格兰的土地肥沃，非常适合作物的生长，所以芝华士威士忌得以有优质的麦芽和谷物作为原料，而苏格兰甘甜的天然泉水纯净见底……那鲜美的空气，适宜的气候，为芝华士威士忌的酿造提供了最好的环境；同样，苏格兰人一丝不苟的严谨精神，使芝华士的酿造规则已经成为法律。

在漫长的酝酿过程中，芝华士威士忌使用优质橡木桶来提高酒质，使其更为纯粹。这样做使得酒与苏格兰独特的空气融合，萃取环境的精华而更为醇香，也使每桶威士忌每年有2%被蒸发，加上芝华士独创的三重调和，历年累月，各种不同的酒香互相融合，充盈在空气之中。芝华士的故乡有着"天使之乡"的美丽故事——酿酒厂里威士忌发酵后的醇美气息在空中经久不散而得此美名。

评述

当芝华士远渡重洋，来到中国，凭什么打动早被深远的酒文化熏陶的人们？

"芝华士，活出骑士风范"出现了。

奔波，荣耀，绅士，承诺，勇士，财富……这正是时下中国人渴望从"世俗中脱颖的生活行为"。它给人带来慰藉，带来希望，带来心灵的宁静和瞻望。

如果饮一杯酒，让人品味出生活的乐趣，拥有了前进的勇气，激荡着一股骑士风范，为什么不选择芝华士？

这则广告有这样几点值得借鉴。

一、诉诸主体清晰。作为顶级威士忌，主要面向的是活力四射的年轻俊杰、白领阶层，以及成功人士。他们在仕途、在职场、在竞技、在困境面前，需要"援手"，需要"承诺"，需要前行的"勇气"，更需要关怀。

二、表达主旨明确："为我们中的勇士"并且"懂得何为人生财富"，而且是"拥有这种行为方式在世俗中脱颖而出"来"干杯"。这样，就把饮酒的目的升华到了一个较高的境界。

三、表现形式清新。将各种人物置于丰富的主题环境当中，画面丰富，跳跃顺畅，皆因与画外音紧密配合，显得从容不迫。人物时而淡定，时而拼争，时而扬鞭，时而开怀……生活的乐趣与品质表现得淋漓尽致，尽管只有60秒钟。

再说一点，就是如何品味芝华士了。

一杯纯净得不带任何瑕疵的芝华士，透着金黄的、琥珀般美丽的色泽。

最完美的品尝就是，适量的芝华士，半杯冰块。这是适合任何时候饮用的最为经典的方法。当舌尖被芝华士的醇美感觉和冰块的丝丝凉意包围的时候，这份享受可称为极致。

当然，在中国最流行的就是：芝华士+绿茶+冰块。有人说，这样好喝，可以一杯接一杯。但也有人说，这是"芝华士农药"。

哈哈。

怎么喝，随心情吧。

链接

芝华士广告诠释

《骑士风范》

在这个唯我主义时代，个人利益高于一切。但是，有一条迥然不同的路。

以信念为盾，积极成就卓越，完美彰显荣耀、绅士风度、勇气与手足情义。

领悟时间和友谊才是生命中最珍贵的财富，为这群捍卫另一种生活方式的绅士们干杯。

这就是芝华士，这就是骑士风范！

《荣耀》

何为荣耀？光明磊落，成就非凡！

坚持心中所想，不为世俗所动，在积极进取的成功过程中，造就每一次卓越。

令同伴、甚至对手心生敬意。

这就是荣耀所在，这就是骑士风范！

《绅士风度》

何为绅士？心怀他人，关切备至！

分享成功、阅历与快乐，伸出援手，随时随地。

不肆张扬，不为炫耀，却收获友情、信任与尊敬。

这就是纯粹的分享，这就是绅士的宽阔胸襟与慷慨风度，这就是骑士风范！

《手足情义》

何为手足？志趣相投，真性真情！

欢乐，互相分享，承诺，彼此恪守，观点，直言不讳……你我的手紧握在一起，没有世俗间的距离，心中所想，不为我，只为我们。

这就是我们，这就是手足间的真情义，这就是骑士风范！

《勇气》

何为勇气？坚定信念，义不容辞！

心中无畏，只为信仰值得捍卫，满怀信心。

做该做的事，敢承担，敢抗争，更敢成功！

这就是我们中的勇士，这就是英勇气概，这就是骑士风范！

3. 像满足情人那样满足顾客

在世界零售业100强中，美国的克罗格公司（Kroger）是名副其实的百年老店。它历史悠久，却没有沉湎于辉煌之中，相反，它不断创新，与时俱进，宝刀未老。克罗格虽然与沃尔玛、家得宝（Home Depot）相比，排在老三的位置，但它却创造了世界零售百年史上的若干个第一，无人比肩。尤其是1970年成为掌舵人的詹姆斯·赫林的"像满足情人那样满足顾客"这句话，更是让人们津津乐道，传为佳话。

追溯一下这个百年老店的风雨历程吧。

1873年，美国爆发金融大恐慌。

13岁的伯纳德·克罗格辍学了。

他单薄的肩膀开始帮助父亲担当了许多家中的困窘。

他沿街兜售咖啡的小本生意。

他20岁的时候，用攒下的一笔钱，买了一家杂货铺。到了1883年，他开设了全美第一家连锁店公司——大西方茶叶公司。又过了10年，他拥有了40家商店和一个食品加工厂，并将公司更名为：克罗格杂货与面包公司。克罗格

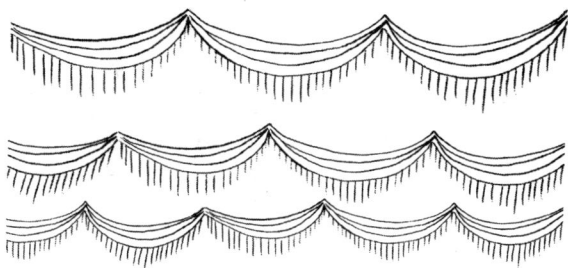

情人挑剔，难伺候，一不小心，小脸一绷，不理你了。那还得了，就得赶快赔不是，还得赔笑脸。克罗格公司做到了，因为顾客就是公司的情人。对顾客没有这么个劲，想让人家在你柜台上掏钱，美的你。

迅速做大的一个关键，是非常重视直接与顾客打交道，这就省略了许多由中间商介入的环节，降低了成本，进而降低了价格。克罗格在商品价格上曾有一句名言："在降价的道路上走得越远越好，这样，对手就够不着你的喉咙了。"

之后，克罗格建起了面包烘焙房，成为全美第一家自产自销面包的商店。

1904年，克罗格又成为美国第一家在杂货商店中经营畜肉的公司。

到了1928年，克罗格杂货与面包公司已成为一个零售王国了。这一年，创始人克罗格以2800万美元卖掉了自己在公司中的股份，威廉姆·阿尔伯斯继任总裁的职位。此时，公司旗下拥有5575家连锁商店。

1930年，一位经理人提出了一个革命性的设想：兴建大型的顾客自取式商场，废弃传统的售货员服务方法。这样，既可减少售货员数量，降低销售成本，又可以增加顾客购物自由度，吸引更多的顾客——这就是最早的"超级商场"的概念。

于是，在新泽西州有了全美第一家超级商场：零售业革命的浪潮也席卷开来。

第二次世界大战结束后，约瑟夫·霍尔出任克罗格杂货与面包公司总裁。霍尔将公司更名为：克罗格公司，并一下子引进45种公司专卖商标，以加深顾客对公司商品的印象。霍尔上任后主持了一项重大改革措施：顾客调查活动。他对员工们阐述道："无论什么时候，都不能怠慢顾客。对公司发展什么商品、增加哪些服务、使用什么销售手段等问题，最有发言权的就是顾客。"

为此，克罗格公司在所有现金出纳机旁安装了顾客"投票箱"。顾客可以把自己对克罗格公司的意见和建议投入箱中，如需要哪种商品、哪种商品应如何改进、需要什么专项服务等等。一天，一个顾客——就叫他尼克松吧，因为这样的顾客实在是太多了，接到了来自克罗格公司的电话："您可以到我们公司来挑选您中意的商品了。"

尼克松说："谢谢，我经常到贵公司去买东西，你们最近又有什么新的好东西吗？"

"我们非常感谢你对公司的关心。您的建议被我们公司采纳了，所以我们告诉您，您可以到我们公司来免费选购您提出合理化意见的'获奖商品'……"

原来，克罗格公司在每一张"票"上都留下顾客的姓名和联系地址，一旦该顾客的建议被采纳，可以终生免费在克罗格公司的商店里享受该种服务，还可以获得公司赠与的优惠折扣消费卡，购买任何商品时都享受减价优待。

"投票箱"深受顾客欢迎，建议者络绎不绝。克罗格公司根据顾客的建议对症下药，使公司每一种新上市的商品都能一炮打红，公司的经营覆盖区域扩大到得克萨斯、明尼苏达和加利福尼亚，1952年的销售额突破10亿美元大关。

1970年，詹姆斯·赫林就任克罗格公司总裁，他不仅强调兴建品种齐全的超级商场，也注重设立品种较集中的专卖商店，以特色商品吸引顾客。赫林继承了前任的管理思想，他把顾客"投票箱"改称为"科学的市场调查法"。

"如果我们要生存得更好，就只有像满足情人那样去满足顾客的要求。"

赫林这样对员工们说。

克罗格公司也确实做到了：公司的企划、广告、革新都是根据顾客的意愿来进行的。例如，克罗格公司率先在易腐烂商品的包装上注明有效期、推出无污染的"绿色食品"、在富强粉食品中增加面粉精加工过程中易损失的营养物质等。

1972年，克罗格公司根据一名员工的建议，与美国电子业著名的RCA公司联合攻关，研制出了全美第一台用于超级商场收款的电子扫描机：只要用该扫描机在商品的标签上扫一下，该商品的价格、品名就自动输入电子计算机，然后立即算出总价钱，大大缩短了顾客的等待时间。

进入20世纪80年代，克罗格公司把发展方向转到"一次停车"型的超大超级商场上。这种商场的经营品种达到了包罗万象的程度，不仅从事零售业，还经营美容沙龙、金融服务、快餐店、加油站等，使顾客只需停车一次，就可以购齐全部商品、获得所需的各种服务。

评述

克罗格公司的发家史，就是美国商业零售业从私人小门脸到现代超级市场的发展史。贯穿这一发展史的一个重要理念就是"顾客是上帝"。

围绕着"上帝"，克罗格公司不断推陈出新，上演一个又一个商业零售业的"第一"传奇。

把"上帝"放在嘴边上容易，放在心上难。克罗格公司做到了，因为顾客就是公司的情人。

情人与老婆有什么不一样吗？

不一样的地方多了。

简单来说：情人挑剔，矫情，难伺候，一不小心，小脸一绷，不理你了。那还得了，就得赶快赔不是，还得赔笑脸。对顾客没有这么个劲，想让人家在你柜台上掏钱，美的你。

至于想着下次再登你的门，做梦吧。

但情人就那么好哄吗？非也。一般的小伎俩只够新鲜那么一段，要想长期拢住芳心，策略就是花样翻新，让其跟着你的爱意转，迷迷糊糊地"上了贼船"。

当然，将顾客当情人不是用计谋蒙骗，而是真诚待之，出发点必须端正。那种一时聪明耍手腕的，不好使。

克罗格公司对顾客的"情人情结"，属于"真诚到永远"的那种，而且多少年了，一直创新，从不嫌麻烦，可谓无微不至。

为纪念克罗格公司成立100周年，公司出版了一部名为《创新100年：克罗格的故事》的大型宣传图书，书中写道：100年只是历史的一瞬间，所以只用一句话就可以概括出克罗格公司的事迹：人无我有，人有我新。

是啊，对顾客的投入，是最大的产出。

4．麦当劳：不想关门，那就学会改变

"我们一直骑在一匹赢得过很多次冠军的马上，所以当我们下马时，很多人感到沮丧，但是我很高兴它这么早就发生了。因为它让我们有机会停下来，在各方面做一些真正的改革。现在我们拥有的是一整个马厩的新马。"

谁能想到，说出上面这番话的人，曾经是个收发室的小职员。

1941年，迈克尔·昆兰出生。

昆兰的成长是一个奇迹。

这个在生活中磨练出来的勤奋、坚毅、果断的小伙子没有想到，最初到麦当劳干的是收发室的兼职人员。他也没有想到，1987年3月1日被麦当劳公司董事会遴选为总裁兼首席执行官，三年后，在他49岁的时候，就任董事长，承担起管理这家在全球拥有十几万名员工的跨国公司的重任。

但这个时候的麦当劳已经成立40多年了，由于几乎将全部精力用在如何扩张、如何发展壮大上，而忽略了对顾客的需求，处处以老大自居。在更多的快餐店不断切入、争夺市场"蛋糕"的情况下，麦当劳的日子日趋艰难。

昆兰意识到麦当劳的问题所在，他对他的经理阶层说："公司上下所有的傲慢自大都必须丢弃。我们所坚持的美国价值观已经和现实不符，才使顾客弃我们而去。"

一些人显得麻木不仁。

对此，他决定必须给予公开的痛斥，刺激一下麦当劳僵化的神经："麦当劳必须用卓越的服务改变一下传统的经营观念。我们不要认为在讲究服务效率的前提下，顾客就是只能接受纯麦当劳式的食品。这样想就大错特错了。如果麦当劳不想关门，我们就只有学会改变。"

1991年3月，麦当劳内刊《管理通讯》封面上，昆兰一手拿麦香鱼，另一只手拿着生菜。这张照片看起来没有什么意义，但它在整个系统中传达了一个强有力的信息：如果顾客要吃生菜的麦香鱼，我们就该照做。

昆兰为了传达自己的思想，在员工中灌输"关怀顾客文化"的理念："我们经历最大的一次改变是，我们愿意用顾客的眼光来挑战我们的每件事情……这样我们可以免受传统的束缚，改用策略性的思考。"

这个变革遭遇到了阻力。一些人认为，整个麦当劳快速服务的概念基础是建立在标准化的操作制度上，产品不能有例外的组合。即使要满足顾客的特别要求，也会花上较长的调整时间，并为工作人员带来困扰。

昆兰面对保守毫不妥协，针锋相对："尽管新技术是麦当劳做到顾客'完全满意'的重要因素，但更重要的是改变员工服务的态度。员工必须积极利用新技术，来满足顾客的要求。麦当劳要从自己评估自己，改由顾客评估其

麦当劳的汉堡里体现出更多的是一种顾客至上的思想。卖出了1000亿个汉堡，对于排队等着要买第1000亿零1个汉堡的顾客来说毫无意义。我们把重心放在顾客身上，关心的是下一个顾客。

表现，这是个新的评估方式。这也决定麦当劳能否被顾客接受的方式。"

昆兰发动了一场革命。接着，他在麦当劳系统中开展所谓的"提升服务计划"，从顾客的角度来看个别餐厅的营运状况，并授权地方经理和服务员尽全力满足他们的顾客。

麦当劳的一系列文化革命，带来了物质成果。麦当劳在美国国内的营业额在1992年上升了6%，1993年是7%，而营运收入则在这两年各增加了4%。已经扭转了昆兰上任时的危难境地。

评述

对一个已经有了40年历史、而且成就卓著的企业进行改革，是艰难的。

新官上任三把火。

关键是要把火烧在正等待热度的地方。

昆兰敢于否定过去，创新经营理念，让麦当劳的口味对准每一个顾客，结果就不同了。

企业家必须是个创新家。

而创新来自于思想。没有什么比改变一个企业的经营理念更富有挑战意义的了，也没有什么比一个由创新的思想统帅的经营理念更能产生强大的生产力的了。

麦当劳的汉堡里体现出更多的是一种顾客至上的思想。

企业家也应该成为演说家、鼓动家。在这方面，昆兰将他的表达、沟通能力发挥得淋漓尽致，这样，也就使得他的改革思想和方针能够深入人心。我们再来听听他的富有激情的演说。

1994年4月14日，昆兰在拉斯维加斯每两年举行一次的麦当劳全球夏令营上致辞，他这样评价麦当劳的改革："几年前，我们碰到麦当劳成立以来罕见的瓶颈，但我们并没有坐以待毙，而是去扭转颓势。我们改变方针，开始以顾客的角度去经营生意，和以往相比，这是一个180度的转变。对麦当劳这种大规模的公司来说，这种转变可以说是相当迅速。"

对于他在麦当劳的变革，他又说："我可以举出一件事作为麦当劳重生的证据：几星期前我们跨过一个重要的里程碑，卖出了第1000亿个汉堡，但我们的顾客并不在乎，1000亿个汉堡对于排队等着要买第1000亿零1个汉堡的顾客来说毫无意义。要是像以前几年，我们还将重心放在自己，而不是顾客身上时，我们一定会播放电视广告，挂标语，大事张扬一番，但我们并没这么做，我们把重心放在顾客身上，关心的是下一个顾客，而不是卖出的第1000亿个汉堡。我们在经营餐厅过程中，顾客满意度对我们的成功很重要。"

一切创新应该以满足顾客的需要为中心，不得有半点偏离。否则，收获的必定是惩罚。

得顾客者得天下。

链接

1937年，雷·克拉克已经57岁了。

自从参加了第一次世界大战回国之后，他就为财富奔波：弹过钢琴，卖过纸杯，兼职为芝加哥广播电台工作，除了弹奏钢琴，还安排音乐节目，为歌手伴唱。后来，他决定到正在兴起房地产热的佛罗里达碰碰运气。他尝试买卖地产，一年以后几乎破产，只好灰溜溜地又回到了芝加哥利利·杜利普公司，重操旧业，卖起纸杯，一卖就是10年。

1937年，克拉克偶然遇到了一种新颖的小器具，这是一种电动搅拌器，可以同时搅拌六种牛奶冰淇淋。他感觉这个小玩意儿能带来财运。他又一次辞去了利利·杜利普的工作。不久，他成为王子城堡多功能搅拌器公司的世界独家代理商。在以后的日子里，他在全国各地四处奔波，兜售这种搅拌器。

1954年，克拉克接到一份来自加利福尼亚圣·波那迪诺的订单。一个小的小汉堡摊位的订货单上，竟然写着8个搅拌器。

很不寻常啊。

克拉克决定去看看，一个同时做48种冰淇淋的生意会是个什么样？

现在，应该让另外两个人物登场了。

1928年，莫瑞斯·麦当劳（Maurice Mcdonald）和理查德·麦当劳（Richard Mcdonald）从新英格兰来到加利福尼亚，他们认为西部是一个充满机遇的地方。1940年，他们在帕萨德那开了一个餐厅，1948年又在圣·波那迪诺开了一个自助汉堡餐饮店。他们兴奋地说："让我们抛掉盘子，不要玻璃杯，也不要那些餐具。不要服务，不要洗碗工，也不要长长的菜单。我们只用纸盘子供应汉堡、饮料和法式炸鸡。所有的东西都事先准备好，都统一化。"

麦氏兄弟的经营模式非常成功。

不久，有人向麦氏兄弟提出申请特许经营权，也有人要买下这个"自助汉堡餐饮店"。麦氏兄弟很保守，谨慎地卖掉了在加州的六个特许经营权分部，放弃了其他几笔生意。麦氏兄弟住在一个小镇里，年盈利75000美元，已经不错了。

麦氏兄弟不想把生意做得太大。

好了，此刻，轮到克拉克出场了。

克拉克来到了麦当劳以后，几乎惊呆了：成群的人排队等在金色的拱门下。令他印象更为深刻的是店中的服务速度和整洁。再有就是顾客进进出出，如此大的销售量竟然不需要很多设施。

克拉克灵机一动，希望加入这个行当。他苦苦恳求了两天，麦氏兄弟终于答应卖给他特许经营权。协议规定：从每个特许经营分部获得的收入中拿出1.9%，其中克拉克得1.4%，麦氏兄弟得0.5%。

克拉克之所以热衷于扩大连锁店，还有个小心眼，是为了多卖一些搅拌器。

到了1960年，克拉克已经卖了200家特许经营部。在此期间，他找到了旧时的合作伙伴哈利·索尼布恩，他原先是一个公司的副总裁。索尼布恩向克拉克提出了一种新的经营之道，即所有的特许经营权申请者都只能作为租户，相应地，由公司选定地点，建造店铺，提供设施，然后将所有的设备租给经营者。此经营者必须交纳一定的租金。这样，麦当劳不仅能得到特许权经营费，而且能获得租赁费。

这确是一个伟大的计划，这需要150万美元。克拉克只有不足9万美元的资产，想得到银行的贷款是不可能的。

最后，克拉克从几家保险公司那里获得了150万美元。作为贷款的担保，他们取得了公司20%的股份。不久，他们将那些股份卖掉了，得到了700万美元。然而，若他们将其保持到后来，其价值将升至5亿美元。

话说这个克拉克获得了资金支持，如虎添翼，将麦当劳推向了一个更大的成功。在22年中，营业额就达到了10亿美元。取得同样的业绩，施乐公司用了63年，IBM用了46年。难怪克拉克在自传中夸口，他的公司使1000多个特许权经营者变成了百万富翁。

1961年的时候，克拉克从麦氏兄弟那里以270万美元买下了麦当劳，包括商标、版权、配方、金色拱门及名称。麦氏兄弟拿到钱就退隐回到故乡贝德福德（Bedford）。索尼布恩几年后也因身体不适退休，回到了佛罗里达。克拉克给这位老朋友1000万美元作为养老。

为了贯彻"Q·S·C·V"（质量，服务，卫生，价值宗旨），克拉克于1963年开办了"麦当劳大学"（最初叫"汉堡学校"）。凡是新员工都要接受不少于10天的训练后才能正式上岗；各个分区的经理、助理、监察员或高级管理人员，也必须接受麦当劳大学的培训。而进入公司工作6个月以上的员工，可以自愿报名进修，毕业后就可担任"专业经理"。培训内容，主要是理解和掌握"Q·S·C·V"宗旨，熟悉"服务质量手册"内容，包括管理、设备和食谱三大项。麦当劳大学还设有研究所，是麦当劳高级职员进修的场所，其课程主要有经营管理、市场研究。

开办"麦当劳大学"的第二年，麦当劳在全美已有637家分店。经过一番筹划，麦当劳股份有限公司的股票正式上市。上市当天，低价是22.5美元，收盘涨到30美元，一个月后涨到50美元。

克拉克在经营12年后，即1967年，麦当劳第一次涨价：每个汉堡包由15美分涨至18美分；借牌"特许费"则大幅上升。另一大变化：麦当劳快餐店的铺面加以扩充，装配了舒适、雅致的桌椅，将过去以"路旁售卖"为主，变为"店内就餐"为主；将"交通便捷处"设店，变为"繁华闹市区"设店。

1968年，克拉克退出了麦当劳，指定35岁的弗雷德·特纳（Fred Tumre）为公司总裁，他是从一个厨师做起，直到升任总裁。

20世纪的70年代，美国作过一项调查，96%的孩子熟悉麦当劳，仅名列圣诞老人之后。

上面的故事概述了麦当劳的发迹史。

其实，麦当劳发展历程所提供的经验，最有价值的一条就是：将简单的事情做到了不简单。结果自然也就伟大了。

说到麦当劳的价值观，也不过就是：质量、服务、卫生、价值。

一点都不复杂。

但一份简明的菜单，数千家分店都保持一贯的高质量，谁能够完全做到？

标准、服务、卫生、经营等多方面的条件，也够简单的，但严格的贯彻，有力的执行，坚决的控制，谁能持之以恒，不走样？

为了保证质量，麦当劳规定了苛刻的标准，规定了各种操作规程。例如，牛肉饼要经过40多项检查，汉堡包制作超过10分钟、炸薯条超过7分钟，牛肉饼出炉超过10分钟、苹果饼出炉超过1小时，如果未能及时售出去，就不能再卖给顾客。

拿"监管"来说，麦当劳350页的经营守则固然很好，最重要的是确保这些标准能够真正贯彻执行。麦当劳总部的管理人员经常下去考核，根据标准进行评定，从法式炸鸡所含的油脂量到洗手间有无肥皂。只要有偏离，必须马上采取补救措施，包括警告，若仍然不合格，就取消特许经营的资格。

有一次，克拉克在视察某公司分店时，发现停车厂有堆用过的餐巾纸，这显然违反公司的清洁标准。他一气之下，抓起一把餐巾纸，怒不可遏地冲进店里，当场开除了该店经理。

一个企业的成功并没有什么神秘莫测的东西，只不过是提供了一些"取悦"顾客的服务，并比竞争对手做的更好一点，做的持久一些。

5. 范思哲：致命的吸引力

　　1946年12月2日，詹尼·范思哲（Gianni Versace）在意大利的南方出生。谁也没想到，25年后，这个从小裁缝店里出来的小伙子，就拥有了自己的品牌——范思哲。

　　小时候，范思哲喜欢在母亲开的一家"巴黎淑女"的裁缝店干活。他印象最深的莫过于母亲在裁剪时既不看图画线也不用纸样，只是凝神思考并在胸前画个十字，然后操起剪子在衣料上一气呵成。他专心跟母亲学艺，九岁时，在母亲的帮助下设计了第一套礼服。上中学之后，由于不感兴趣学校的课程，中途辍学帮助母亲搞服装。1972年，米兰的一家服装制造商看中了他的设计，打电话给他母亲，希望他能够北上米兰。他欣然启程。

　　米兰，打开了范思哲的视野，也向他展示了服装设计的美好前景。

　　1978年3月28日，在米兰的永恒大厦，范思哲举办了由自己名字命名的女装展示会。范思哲品牌从此诞生。从此，也诞生了一位时装设计大师。

　　那么，为什么"范思哲"只用了短短的几年，就能与闻名于世的阿玛尼、古琦和瓦伦蒂诺等大牌相媲美？

范思哲的成功，不是凭一己之力。

创业伊始，范思哲的时装并没有造成世界性影响，直到1979年，与美国著名时装摄影师理查得·艾维登（Richard Avedon）开始了幸运的合作。在后者的帮助下，范思哲设计风格鲜明、具有特殊美感的作品，开始荣登世界各大顶尖时尚杂志的封面。其极强的先锋艺术特征，魅力独具的文艺复兴格调，以及具有丰富想象力的款式，渐渐为世界各地的时尚人士所推崇。

上个世纪80年代，范思哲看到摇滚音乐在青年中的影响不断扩大，便抓住这一契机，与摇滚乐明星搞联合，推出了摇滚服，这成为他事业的一个大转折。

1982年，范思哲在年度秋冬女装展中推出了著名的动感"金属网状服装"，一种由金属光泽、质感但十分柔软的针织面料制成的礼服——并首次获得"Golden Eye"奖。此后又在1984年、1990年和1991年多次荣获该奖。范思哲创造了一种介于女斗士与女妖之间的女性形象。后来，这种风格成为范思哲时装的经典特征。

范思哲设计的顶峰标志，是1989年在巴黎推出的高级订制系列。这个时候，他决心把自己的名字打入法国高级女装界。他在意大利时装重写意的风格中，融合了法国时装的细腻精致和注重写形，开一代新风。他创作了享誉世界的紧裙：无论是洁白素净或鲜艳带荧光的短裙，装饰着闪光的拉链和透明合成材料的裙腰，或是带有漆辉、珠光、金属色泽的网形织造结构的长裙，看似高科技的产物，实际上却是他梦幻般的写意设计。他崇尚积极进取，宁可因过激而表现出唐突、莽撞，也决不落入平庸之列。

范思哲的设计兼具古典与流行气质，游走于高雅和低俗之间，既有歌剧式的超乎现实的华丽，又能充分考虑穿着舒适及恰当地显示体形。豪华是范思哲的设计特点，那些宝石般的色彩，流畅的线条，独具魅力的不对称斜裁，有着独特的美感和极强的先锋艺术。在女装上，范思哲强调快乐与性感，领口常开到腰部以下，他的套装、裙子、大衣等都以线条为标志，性感地表达女性的身体。在男装上，范思哲也以皮革缠绕成衣，创造一种大胆、雄伟甚而有点放荡的廓型，而在尺寸上则略有宽松而感觉舒适，仍然使用斜裁不对称的技巧。宽肩膀，微妙的细部处理暗示着某种幻想，人们称其是未来派设计。

这些设计风格都与范思哲自幼酷爱希腊神话有关。

范思哲的品牌标志——希腊神话中的蛇发女妖梅杜莎（Medusa）——美女的头发由一条条蛇组成，发尖是蛇的头，她以美貌迷惑人心，见到她的人即刻化为石头。梅杜莎代表着致命的吸引力。范思哲始终都在追求这种美的震慑力。他的时装总是蕴藏着极度的完美，充溢着濒临毁灭的强烈的张力，或艳丽性感，或高贵端庄，犹如一股来势凶猛的飓风，席卷和摇撼了时装界的旧秩序。

人们屏住呼吸，站在范思哲的时装面前——这是大师的杰作。

又有多少女性在心底发誓：一定要拥有一件范思哲。

可是——

1997年7月15日8时30分，两声枪响之后，詹尼·范思哲倒下了。

范思哲倒在了美国迈阿密海滩的别墅门前。

那天，范思哲穿着白色T恤衫、黑色短裤和白色的凉鞋，像往常一样到杂货店，买了5本杂志，然后顺便道回家。到了门口，他走上台阶，钥匙刚插入锁眼，一名20多岁的白人男子掏出了手枪……

噩耗传来，一些拥有范思哲时装的人，默默将其收藏，作为纪念。也有一些人，立刻穿上"范思哲"，向大师表示致敬。

迄今，在美国联邦调查局的档案中，还写着一段：死者：詹尼·范思哲；国籍：意大利；年龄：51岁；死因：谋杀；凶手：安德鲁·库纳南；动机：不明；凶手下落：已自杀。

美国《时代》杂志将范思哲遇害列为美国世纪大案之一，也是世纪疑案之一。

那么，两声枪响之后，范思哲品牌将如何发展？

时装界的恺撒大帝倒下了，也中止了一个服装帝国的扩张梦想。

几个月后，范思哲的妹妹唐娜泰拉·范思哲成为这个家族企业的首席设计师。

一切都顺理成章。

1978年，范思哲的服装事业刚露萌芽之时，是他的哥哥圣·范思哲和妹妹唐纳泰拉·范思哲帮他开办了第一个时装设计店。唐纳泰拉负责范思哲公司的大宗商品——女性时装的生产和销售。长兄圣学的是会计专业，成为公司财务总管。妹夫保罗·贝克当过多年时装模特儿，后来担任了公司男装部主任。唐纳泰拉在范思哲的时装帝国中可谓举足轻重。她人脉广泛，善于交际，东奔西走，尽心辅佐兄长。据说，1993年范思哲患了耳道癌之后，唐纳泰拉已开始走上前台，掌管公司事务。

但是，当一个享誉世界的品牌真的放到了唐纳泰拉的手里，她能使之发扬光大并续写辉煌吗？

1997年以后，唐纳泰拉一直坚持范思哲的奢华风格，却未受到评论界的认可。几年下来，范思哲公司的市值已从8亿美元缩水为5亿美元。古奇集团和LVMH集团一直对其虎视眈眈，企图收入囊中。

"我们不会卖掉公司。"唐纳泰拉说。1997年之前，范思哲家族的财产：45%归范思哲所有，35%归他的哥哥所有，20%归他的妹妹唐纳泰拉。范思哲死后分成三份：唐纳泰拉占两成，长兄圣有三成，余下的五成，根据范思哲的遗嘱，留给被他称为"小公主"的唐纳泰拉的女儿阿莱格拉·范思哲·贝克。阿莱格拉过了18岁生日后，就将拥有范思哲公司50%的股份，成为公司的大股东。

通过不懈的努力，唐纳泰拉的设计终于得到时尚界的认可。2001年秋冬季时装发布会上，她交出了一份充满女人风情的新作：其中印满彩色羽毛图案的套裙，更是炫目夺人。这场秀让范思哲帝国开启了唐纳泰拉的时代。

唐纳泰拉的时代充满了坎坷和黯淡。

2004年冬天，范思哲公司处于濒临破产的困境时，精神崩溃的唐纳泰拉染上了毒瘾。一个晚上，她痛定思痛之后，素装从家里走出来，决心到美国去戒毒。几个月后，唐纳泰拉从疗养院回来，决定重塑范思哲的辉煌。

唐纳泰拉开始招募家族之外的人才。范思哲离开的

1997年，恰逢范思哲帝国鼎盛期，年销售额达到5.58亿美元。自从那个悲剧发生后，"我们再也没有力量重整我们的事业。"唐纳泰拉曾对《金融时报》的记者如是说。

2004年9月，唐纳泰拉挖来德瑞思欧作为公司新的营运总监，伴随德瑞思欧的走马上任，公司高层管理团队进行了换血——范思哲真正的转折出现一丝曙光。从1997年开始，范思哲家族整整花了7年多的时间，才使企业从那场闻名世界的谋杀事件的阴影中走出来。

德瑞思欧说："范思哲正从一家家族企业向现代化企业过渡。"

2005年秋冬，范思哲公司邀请美国影星黛米·摩尔作为形象代言人。他们认为她结过婚、离过婚，既是母亲，又是成功的女性。她是独立成功的现代女性代表。

之后，唐纳泰拉赋予范思哲品牌更多的精神内涵。她请麦当娜做办公室服饰的代言人，麦当娜也第一次展现其风情又充满智慧的另一面。

东山再起必定是一条荆棘之路。

2004年，范思哲公司的亏损达到9500万欧元，2007年达到盈亏平衡的目标。但接踵而至的金融危机又让重整河山的企业雪上加霜。范思哲振兴的脚步不得不再次放慢，他们预计2010年的前景也不乐观，希望2011年能够重新盈利。

范思哲——重振霸业的时刻指日可待。

也许，奇迹还会发生。

评述

范思哲是个神奇的真实的传说。

范思哲用了短短几年的时间，就让自己的品牌光芒四射，说来难以置信。因为许多品牌，都是历经风雨，坎坷百年，方有属于自己的一块领地。

范思哲如何做到？

一、标新立异。范思哲具有一种极致的美感，犹如品牌标志——希腊神话中的蛇发女妖梅杜莎（Medusa）。那种美得"致命"的吸引力，常常让人怦然心动。在范思哲面前，人们流连忘返。购买的冲动不一定要穿在身上，而是渴望占为己有，因为那是一件艺术品。拥有了范思哲，就是时尚，就是前卫，就是潮流——不想这样的人，不多。

二、广告攻势。范思哲广交朋友，尤其是那些广告业的朋友、摄影师，经常是他的座上宾。他就是通过与朋友的交往，了解服装业的动态和趋势，在设计的同时，就开始策划宣传活动。范思哲的产品介绍手册是品牌宣传的强有力工具，这些手册印制精美——有现代的卡通，有古典的文化，有时尚的美术，有超炫的模特儿。人们爱不释手，相互传阅，品牌效应，立竿见影。

三、行动迅速。时装业的大多数公司从设计、预售到成批生产至少花6个月，范思哲经常采用"闪电行动"。有一次，一种用高技术PVC织物做成的售价200元的牛仔裤，由他亲自督阵，结果只用了五周时间就完成了设计、制作和运输上市的全过程。范思哲这种迅速抢占前沿阵地的凌厉作风，让同行叹为观止。

四、前店后厂。范思哲的"闪电行动"是因为有其运行体制在鼎力支持。范思哲早就在纽约、伦敦和巴黎这些大城市建立了公司和零售商店，使公司的产品直接与顾客见面而不用通过中间商，这样就把设计、制造和零售有机地结合在一起。难怪美国的《商业周刊》发文慨叹，"范思哲在时装市场的激烈竞争中几乎每一步都占据了优势，在零售方面优势更强"。范思哲总是刮起一阵阵美的旋风。

上面故事的后半段，概述了詹尼·范思哲离去后一个品牌的艰难复苏过程。

有两点值得中国的家族企业借鉴。

一、对接班人早有安排。人活世上，意外伤亡在所难免。因此，不能等到飞来横祸之后，才匆忙决策。所以，后事早安排。这一点，美国GE公司的一项制度非常有"先见之明"，就是每年的最后一天，现任CEO都要将一个信封交给董事会，里面是继任者的名字。在一些大企业，还有一条不成文的规定：高层核心管理团队，不能同乘一次航班，因为一旦发生意外，将造成无法挽回的损失。

二、必要时聘请职业经理人。如果唐纳泰拉早点醒悟，请来"外人"参政，她也不至于自己硬撑着，无力回天，重压之下染上毒瘾。设想一下，德瑞思欧不是2004年走马上任，而是2000年，提前4年，那么他的作用就提前发挥了4年，其作为恐怕就不是能用4年来衡量的了。而唐纳泰拉也会腾挪更多的时间，发挥她的家族与名流交往的传统，大打名人牌。那样，在金融危机到来之前，范思哲可能已经"身强体壮"，足以抵挡危机的袭来。

但是，许多时候没有"如果"。

链接1

名人是最好的广告

1997年7月15日和9月1日，有两个世界名人走了。

前者是詹尼·范思哲，被尊为"时装界的恺撒"。那天晚上，范思哲穿着白色T恤衫、黑色短裤和白色的凉鞋，像往常一样到杂货店，买了5本杂志，然后顺便道回自己的家。到了门口，他走上台阶开门，钥匙刚插入锁眼，一名20多岁的白人男子掏出手枪……

后者是戴安娜王妃，被誉为"20世纪最有魅力的女人之一"。8月31日下午，戴安娜王妃与其男友、埃及亿万富翁之子多迪·法耶兹在法国南部旅游胜地圣托贝度假一周后回到巴黎。午夜过后，他们在巴黎里茨饭店用完晚餐准备前往多迪在巴黎16区的私人住宅。为摆脱7名骑摩托车的摄影记者的追逐，他们乘坐的奔驰280SE3.5型豪华轿车时速每小时高达150公里以上。次日凌晨约零时30分，汽车行至巴黎市中心塞纳河畔的阿尔玛桥下公路隧道时，突然失去控制，撞在隧道中央的一根分界水泥柱上，多迪和司机当场身亡，戴安娜王妃与她的保镖身负重伤，被送进医院抢救。凌晨4时，戴安娜王妃因胸部大出血在医院逝世，年仅36岁。

生前，两人是密友。

范思哲是戴安娜王妃非常青睐的一位时装设计大师。

戴安娜王妃不仅仅拥有1.78米的高挑身材和迷人身段，

更因为她是闻名于世的英国王妃。自她成为王妃的那天起，十分重视保持个人魅力，关心时尚变化，她的装扮时常给时尚界带来一些震惊。在戴安娜王妃看来，英国式的设计过于保守和严谨，虽能很好地衬托出她的大家风范，却也淡化了她的个性。她是一个洋溢着个性的王妃，不想固守拘谨的传统。

范思哲当然体会出了戴安娜王妃的心思。他为她设计的一款晚装，让她的活力和热情呼之欲出。他还给她设计过一套蓝色单肩晚装，选用的是很娇艳的蓝色绸缎，身着此装的戴安娜王妃像夏日阳光下一泓流动的海水。

范思哲通过戴安娜王妃的"示范效应"，使自己的品牌在英国的声望与日俱增，并迅速传导到整个世界。

1995年在伦敦举行的《阿波罗13》首映式上，戴安娜王妃身穿范思哲设计的十分性感的黑色短裙，这是她对英式时装的首次背叛。从此，她的穿着越来越性感、别致、漂亮。

一段时装与时尚的佳话本来可以继续带给人们以期待，但是——

祸不单行，在范思哲倒下后不到50天，戴安娜王妃也香消玉殒，留给世人只有哀叹和惋惜。

范思哲生前非常善于利用名人为品牌造势，演艺界的明星一直是他关注的对象。他知道，一旦这些名人穿上自己设计的时装出席各种商务酒会、慈善募捐、尤其是参加奥斯卡的颁奖仪式，电视镜头和照片立刻会把大明星的形象向全世界传送，以此同时，则是范思哲走红全世界。

范思哲为澳大利亚影星妮可·基德曼设计的一款时装充

分显示了他的构想：那一年奥斯卡的颁奖仪式上，基德曼一头金发，配上了一身金色套服，再加上金色的带链小手包，没有任何袒露和骨感，却把苗条、曼妙的身段完全衬托了出来。时尚界惊呼这是动人的"小金人"。

当然，这套服装立刻引起了人们的注意，成为范思哲公司的畅销货。

因扮演《洛基》而举世闻名的电影明星史泰龙，体格健硕，肩宽体壮，也正由于双肩宽度过大，找不到适合自己的时装。1991年2月和10月，范思哲先后为史泰龙精心设计了两套服装，由于把后者双肩过大的缺陷掩饰下去了，顿时使得这位巨星的身材更加挺拔。

上个世纪的90年代，狂野的麦当娜又成了范思哲品牌的合作伙伴。她为范思哲品牌拍摄的一系列宣传照，堪称经典——麦当娜的野性与范思哲品牌的明艳被称为天衣无缝的组合。

一个品牌周围，必须有名人。

一个世界级的品牌周围，必须有世界级的名人。

美国纽约第五大街最有名的萨克斯时装公司总经理马雷·布拉沃认为，"范思哲的成功之处在于他能够通过传媒手段和明星人物把影响扩大到消费者的家"。

范思哲与名人的交往佳话，数不胜数。下面一则就很有趣。

代拳王泰森对范思哲尊崇备至，在他犯法关进班房之后，很想念范思哲设计的短裤。范思哲闻讯后，没有嫌弃一时失意之人，特意给他送去了一些服装，这使泰森感激涕零。泰森出狱之后重登拳坛，当他连战连胜时，泰森穿的短裤也变成了美国青少年的爱物。自然，范思哲的短裤销量也是形势大好。

链接2

1978年3月28日，范思哲在米兰的永恒大厦举办了他的第一个由自己名字命名的女装展示会。

1979年，范思哲与美国摄影师理查得·艾维登开始了幸运的合作。

1982年，范思哲在年度秋冬女装展中展示了著名的金属服装，并成为他时装的一个经典特征。

1986年，范思哲被意大利总统授予"意大利共和国荣誉"奖章。

1987年3月31日，斯卡拉剧院上演《列德与天鹅》，范思哲为这部芭蕾舞剧设计服装。

1988年9月，范思哲在马德里开张了一个600平方米的展厅，这是他在西班牙的第一家时装店。

1988年，范思哲被"Catty Sark"奖选为最富创意设计师。

1989年1月25日，范思哲在Gared'orsay举行的有密特朗夫人参加的晚会上，宣布"阿迪利亚·范思哲"（专业培养高级时装模特的工作室）宣告成立。

1990年4月，范思哲在纽约的麦迪逊大厦开店，这是他在美国的第11家店。

1991年3月，范思哲推出"Versus"香水。

1991年6月，范思哲推出正装"Signature"。

1993年，范思哲向世界推出两种新的香水：Red和Jeans。

1993年，范思哲获得具有"时装界奥斯卡"美誉的美国国际时装设计师协会奖。

1994年，范思哲在柏林著名的Kurfurstendamm开了一家600平方米的服装展厅。

1997年7月25日，范思哲在迈阿密的别墅不幸遇刺身亡。

1997年，范思哲的妹妹唐纳泰拉·范思哲接管范思哲品牌，负责设计时装和价格较为便宜的Verses和Isfante系列，并研制了独特的Blonde香水。

2004年6月30日，范思哲品牌由范思哲生前最疼爱的外甥女年仅18岁的少女阿莱格拉正式继承。

2007年，唐纳泰拉·范思哲向新闻界透露，女儿阿莱格拉患有厌食症。据悉，范思哲被谋杀后两个月，阿莱格拉就开始出现厌食症了。

目前，范思哲在全球有80多家独立旗舰店，在120多个购物广场或者百货店设置了主力店……

6. 可口可乐：变革时最好不要立即抛弃现有的

20世纪80年代，可口可乐与百事可乐纠缠在一起，打得不可开交。

1983年，可口可乐的市场占有率为22.5%，百事可乐为16%；1984年可口可乐为21.8%，百事可乐上升为17%。

两家公司在市场上是你来我往，明争暗抢，不亦乐乎。

不过，可口可乐的事态尤显严峻，如果再不加把劲，眼看着就被百事可乐赶超过去了。

可口可乐开始行动了。

在美国和加拿大，可口可乐对20万名13—59岁的消费者进行调查，一项结果表明，55%的被调查者认为可口可乐不够甜。

不甜没什么大不了，可口可乐别的不行，让饮料甜一点还用费力气吗？

可口可乐公司的董事们初衷应该是不错的，如果要保住其产品在软饮料工业史上的霸主地位，产品的味道更好一些是有必要的，至少口味应当更甜些。

当然不只是加点糖的问题。

1985年4月23日，可口可乐公司在经历了两年研究、耗资400万美元之后，董事长戈苏塔发布了一项重要的决定，可口可乐公司将中止使用了99年的历史老配方，取而代之的是采用了更科学、更合理的"新的可口可乐"。为了"新的可口可乐"，公司在纽约市林肯纪念中心举行了一次记者招待会，约有200家报纸、杂志和电视台的记者应邀到场。

24小时之内，81%的美国人就知道了可口可乐的这次变化，远比知道1969年7月尼尔·阿姆斯特朗在月球上行走的人还多。最初的4个小时，公司接到了约650个电话。3个星期之后，电话以每天5000个的速度增加，并且还有很多愤怒的信件。

新的可口可乐引起众怒。

"新的可口可乐"大大地伤害了许多消费者对老牌可口可乐的忠诚，也伤害了他们对老可口可乐的感情。旧金山成立了一个"全国老可口可乐饮户协会"，并举行了抗议新可口可乐的游行示威活动。一些美国人甚至威胁说要改喝茶水。还有人竟然开始储存老可口可乐了。也有人趁火打劫，倒卖起老可口可乐来获利。

那年春天和夏天，可口可乐共收到了40000封信，大多是控诉新的可口可乐。看着堆积如山的愤怒，可以一乐的怕是喜欢集邮的收发室人员了。

这时，百事可乐火上加油。

百事可乐公司总裁斯蒂尔在报上公开发表一封致可口可乐的信，声称可口可乐的这一行动是在表明，可口可乐正从市场上撤回产品，并改变了可口可乐配方，使其更"类似百事可乐公司的产品"。"毋庸置疑，正是因为百事

高手过招，好看的不是热闹，而是技术含量。

可乐长期以来在市场上所取得的成功，方使对方做出这个决定"。斯蒂尔同时以讥讽口吻宣称"新可口可乐"的推出意味着百事可乐的胜利，为庆贺这一让人陶醉的成功，百事可乐公司放假一天。

1985年7月11日，可口可乐的董事长戈苏塔不得不果敢地宣布：恢复可口可乐的本来面目，更名"古典可口可乐"，并在商标上特别注明"原配方"。与此同时，戈苏塔还决定：新配方的生产继续进行。

消息传开，可口可乐的股票一下子飙升，百事可乐的股票却下跌。

一年之后。

1986年5月8日，可口可乐迎来了它的100周年纪念日。

最盛大、最壮观的庆祝活动在亚特兰大——公司总部进行了。

14000名工作人员从155个国家和地区飞往亚特兰大；30辆以可口可乐为主题的彩车和30个行进乐队，从全国各地迁回取道开进亚特兰大市；30多万当地和远道而来看热闹的人们兴高采烈，免费品尝可口可乐。几乎整个亚特兰大的居民都参与到了庆典当中。不足为怪，由于可口可乐的卓越成就，使其成为亚特兰大市和佐治亚州经济的主要支柱。而佐治亚州一半的有钱人家是靠可口可乐发的大财。

亚特兰大市长安德鲁和可口可乐董事长戈苏塔一起亲自引导游行队伍。其后是1000人的合唱团和60种乐队，演奏、演唱着振奋人心的可口可乐传统歌曲"我愿给这个世界一杯可口可乐"。

可口可乐公司在庆典活动中，当然是不会忘记自己的老对手的。

为了响应可口可乐最新的广告口号"跟上浪潮",典礼策划者准备一次推倒60万张多米诺骨牌。在亚特兰大市洞穴状的奥姆中心四周,竖起了巨大的电视屏幕,当多米诺骨牌天衣无缝地一浪接一浪倒下去时,一个巨大的百事可乐罐出现了,多米诺骨牌爬上最后一个斜坡,引发了一次小型爆炸,百事可乐罐被炸得粉身碎骨。

顿时,全世界的可口可乐员工都欢呼起来。

评述

可口可乐也会犯错误。

这应该说是最有意义的。

对于"新的可口可乐"决策上的失误,众说纷纭。

但也有站着说话不嫌腰疼的。

在"新的可口可乐"刚遭受惨败的时候,称之为是世纪性错误。然而,随着"古典可口可乐"的推出,他们又来了个180度的转弯,竟指责可口可乐故意上演了这样的一幕,以此吸引公众的注意力,等于是做了一次巨大的免费广告。

对此,可口可乐没有顾及自己的面子,坚决否定这一说法,并且承认这完全是由于他们在判断上的失误所造成的。也许他们自己也不知道可口可乐在美国人中的地位,正如《财富》杂志所说,谁也无法预见这一事件会"唤醒深深印在美国人心中的对可口可乐的忠诚"。

在众多的观点中,美国学者罗伯特·F·哈特利在他的《管理得与失》中的观点更能站住脚：

1.计划和调查并不能保证做出最好的决策。环境在不断的变化，竞争对手的行为并非总能预测到，消费者的行为也具有不确定性以及非逻辑性，他们的偏好与传统观念的联系在媒体的煽动下，往往不能控制。

2.口味并不是一个可靠的偏好因素。仅仅依靠口味测试进行调查与决策是很容易犯错误的。

3.警惕篡改传统形象。并非许多公司都有100年的传统，有的连10年都不到。传统也是一种力量。有些时候，我们能改变传统吗？可口可乐的这个故事中，答案当然是否定的了。那么，我们设想一下，可口可乐悄悄地进行口味的改变呢？

4.对仍有很大需求的主要产品进行变革会有危险。

5.在进行重大变革时，最好不要立即抛弃现有的。

6.在决策中还要考虑媒体的力量，才可能引起公众广泛的兴趣。报刊和广播媒体对公众的观念有重要的影响力。对于可口可乐，媒介通过宣传一种反对情绪，无疑加剧了群体直觉，并将之推波助澜到极点。

1986年，对可口可乐来说，除了迎来了它的百岁生日，更具有重大意义的是：可口可乐终于打进了中国市场。戈苏塔说，让每个中国人每年多喝一瓶可口可乐，都是一个不小的利润数额。

在这里，不能不提到百事可乐。针对可口可乐，百事可乐可以说是"死缠"却不是"烂打"。也正是拥有了百事可乐这个高水平的对手，才让可口可乐犯了一个经典的错误，也给其他企业留下了一个值得深刻铭记的故事。

从这个角度说，可口可乐和百事可乐——这对冤家还是经常打仗为好——因为高手对招，好看的不是热闹，而是技术含量。

链接

美国佐治亚州的亚特兰大市有一位药剂师，名叫约翰·斯泰斯·潘伯顿，这一天他非常高兴，童年的伙伴、年轻时的朋友，在外经商的法尔麦希回到家乡了。

这一天是1886年5月8日。

故友重逢，互道衷肠，自有一番欣喜。之后，法尔麦希询问起潘伯顿的工作。

潘伯顿说："你离开之后，我的生活中净是这些药剂。"

法尔麦希环顾居室，见到满屋子都是试管与盒罐，惊叹老友的勤奋。

"啊，对了，法尔麦希，我要给你看一种戏法。"潘伯顿说着，找来一些只有他才知道的原料，在一只三脚黄铜壶里调试起来，不一会儿，他说："喏，戏法变出来了。"只见他从黄铜壶里倒出满满一杯液体送给法尔麦希，"喝吧，法兰西的正宗香槟。"

法尔麦希半信半疑地品尝起来。

奇怪！一点都不是香槟的味道。

他正要骂潘伯顿骗人，却被这种饮料奇妙的味道吸引住了，忍不住一口气喝了个精光："味道真棒，真棒！真棒啊！"

但法尔麦希感到美中不足的是糖浆太稠了，他建议潘伯顿加点水。潘伯顿又倒了一杯加了碳酸水的给他。这样一来，一杯口味全新的饮料产生了——它就是历史上的第一杯可口可乐。

100多年来，可口可乐成为世界著名的品牌。

有人称它是魔水。自然就千方百计地想探寻魔水的配方。

那么究竟是什么样的配方使可口可乐成为世界上最流行的饮料呢？

其实，可口可乐的配方99%以上是公开的，成分有糖浆、蔗糖、碳酸水、酱色、磷酸、咖啡因和"天然香料"，其中可口可乐的全部奥秘就是这种被称为"天然香料"的东西。据说它是由7种草药精心熬制而成，但这7种草药是什么呢？除少数的几个重要人物外，谁也无从知晓。外界把它们叫做"神秘的7X"。天然香料在可口可乐中所占的比例不到1%，但是为了分析出这个"7X"，化学家和同行竞争者们已经花费了80多年的时间，还是没有揭开谜底。

可以这样形容"7X"配料对可口可乐的重要性：在当今世界上，如果哪家公司掌握了"7X"的秘密，即使它的饮料不叫"可口可乐"，公司依然可以凭借"7X"的魔力成为世界软饮料行业的一方诸侯。

话说正传。可口可乐的神奇配料很快给潘伯顿带来了不小的利润，但是他对自己发明的价值却不屑一顾，他把"7X"带给他的利润看得像赌赢了一场赛马一样随便。潘伯顿不顾朋友忠告，把他的股份逐步卖给了亚特兰大市的制药商坎德勒。

坎德勒富有开拓精神，他非常重视配方的"宝中之宝"。

酒香也怕巷子深。

他发现顾客在进行同类产品挑选时，总是倾向于熟悉的、听说过的产品。

他自言自语："这是一条规律呀，要让产品扬名于世，除了广告，实在没有更好的办法。"

1889年5月1日，坎德勒在《亚特兰大纪事报》用整版的篇幅刊登了一则广告，宣布可口可乐的生产、批发和零售所有权现已转归坎德勒拥有。同版的空白处，坎德勒以第三者的口吻盛赞可口可乐这种饮料"味美爽口"，有"醒脑提神"之功效。

但是，直到1891年，他的可口可乐"唯一的拥有权"还只是值2300美元。坎德勒并不灰心，继续在报纸上刊登广告。钱是没有白花的，1892年的可口可乐销量猛增了10倍。

不久，坎德勒放弃了制药生意，集中精力做好可口可乐的生产和销售。这一年，坎德勒和他的弟弟等人成立了可口可乐公司，注册资金为10万美元。

可口可乐的生意越做越大，超出了亚特兰大市，走出了佐治亚洲。1895年，坎德勒在致董事会的报告中自豪地宣称："今天，美国所有的州都喝上了可口可乐。"

可是，产量增加、销售网点扩大，运输倒成了一个问题。一天，密西西比州的一个餐馆老板比登哈恩到亚特兰大来找坎德勒。"如果你肯出500美元，我可以告诉你一条既方便运输、又能增加可口可乐销售量的办法。"

比登哈恩坐在坎德勒的对面，开门见山。坎德勒微微一愣，他的心里有点琢磨不透，对面的陌生人是个来找钱花的江湖骗子呢，还是个身怀妙招的商人？他沉吟不定，最后索性豁出500美元不要了，来买比登哈恩的"点子"。

比登哈恩500美元卖出的只是几个字："你们可以把可口可乐装瓶出售。"

这个办法一下子击中了坎德勒兴奋点上。

是啊，可口可乐成桶地运到全国各地，太麻烦了，每次还不能运太多，在城里是供不应求了，可郊区和乡村的人们却喝不到可口可乐。

"你知道，我的餐馆也是常常没有可口可乐呀，顾客很不高兴啊。"

坎德勒采纳了比登哈恩的办法，并在比登哈恩的餐馆后院安了一台装瓶机。这样，瓶装的可口可乐开始在市场上出现了。不久，沿密西西比河两岸的种植园和伐木场里也有了成箱成箱的瓶装可口可乐在出售。

于是，瓶装可口可乐产生了。

瓶装业的进展促进了高速瓶装机的发明和可口可乐专用运输网的出现，这一切大大提高了效率，使更多的可口可乐以更快的速度送到更多的消费者手中。

7. 百事可乐：凭什么与竞争对手平分天下

　　1921年，阿尔弗雷德·N·斯蒂尔出生于美国西北部华盛顿州的一个农民家庭。这个时候，百事可乐公司已经成立三年了。

　　少年的斯蒂尔就显示了不服输、好挑战的性格。他后来做过工人，当过兵，第二次世界大战结束后，成了纽约百事可乐公司的一名卡车司机。他很好地把握了人生的方向盘，发动大脑，逐步显露出卓越的经营才华，从驾驶员的位置走到了百事可乐公司国际部经理的坐椅。这期间，他业绩显赫，1964年，又把自己的椅子换成了总裁这一宝座。

　　他知道自己实际上是坐在火山口上——可口可乐这个霸主不会让他安稳的。

　　以毒攻毒。

　　斯蒂尔确立了"市场导向型"经营战略，率领10多万"百事"大军向可口可乐霸主地位发起进攻。20余年的冲锋陷阵，浴血奋战，到八十年代中期与可口可乐拼杀得难解难分。

　　竞争是残酷的，但冷静下来，分析其各自的策略、战术，无疑会留下许多经验性的东西，也是商战史上宝贵的财富。

　　那么，斯蒂尔带领百事可乐是如何与可口可乐较量的呢？

　　斯蒂尔告诉百事可乐人、同时也是向可口可乐发出挑战的信号：百事可乐将全力以赴改变"穷人可乐"的形象。

　　第二次世界大战后，美国经济迅速发展，消费水平普遍提高，斯蒂尔根据市场导向，以新的饮料配方代替原配方，生产出甜度低、味道也比原先好的新饮料投放市场，在广告创意上以高雅的场所为背景，由身着华丽服装的窈窕美女和神采飞扬的男士做模特儿，希望以此消除"穷人可乐"的形象。

　　60年代中期，第二次世界大战后的新一代已纷纷走上工作岗位，成为社会消费的主要对象。市场态势表明，谁赢得青年一代，谁就会取得成功。斯蒂尔针对市场这一变化，把百事可乐广告口号改为："百事可乐——新一代的选择！"拉开了重点进军年轻人市场的序幕。为此，开展了一场规模浩大的广告宣传攻势，百事可乐树立为时代潮流和青春活力的象征，而将可口可乐映衬为陈旧、落伍、衰老的代表——一群青年人，人手一瓶百事可乐，簇拥着一位两鬓花白的考古学家来到一个牧场的遗址。考古学家在泥土中挖掘出一只棒球和一把电吉他，一一予以辨认，毫不马虎。一位学生又从泥土中发掘出一只满是灰尘的东西，考古学家洗去上面几个世纪留下的灰尘、泥土——一只绿色的可口可乐瓶子。

"这是什么，教授?"学生边喝百事可乐边问。

教授再次陷入沉思。

"我想不出来。"他最终回答道。

呵呵，百事可乐的这个广告很快将年轻人拉拢到身边。

百事可乐身边有了生力军，底气更足，又向可口可乐发起新一轮挑战——这一回，百事可乐要改变"跟随者"形象，引导潮流。

其一，瞄准中下层消费者，塑造"大众可乐"的形象。

其二，推出多种不同分量的包装瓶，满足不同层次消费者的需要，而可口可乐的包装瓶当时只有6.5盎司一种。

在外卖市场取得成功后，斯蒂尔开展了一场"攻击性"的促销活动。

从1972年开始，斯蒂尔发起一场试饮百事可乐和可口可乐的品尝测试活动。

百事可乐公司在美国一些主要的公共场所设置擂台，请过往行人免费、蒙目试饮百事可乐和可口可乐，然后再奉送一瓶品尝者认为更好喝的饮料。结果，蒙目试饮者说百事可乐"好"与可口可乐"好"的人数之比为3∶2。百事可乐的甜度比可口可乐高9%，年轻人较能接受甜的口味，当然百事可乐能在测试中占居上风。

狡猾的百事可乐把这些场面都录了像，把其中认为百事可乐更好的镜头加以突出，然后拿到电视台反复播放。这一宣传效果非常好，一些可口可乐的老主顾感到，选用可口可乐是相信牌子所误，对可口可乐的忠诚开始动摇。

百事可乐销售量直线上升。

可口可乐一直以老大自尊，对这个后边的"老二"始终没放在眼里，但这一下，老大感到了危机。

在百事可乐的挑战面前，1985年5月1日，可口可乐公司宣布改变老配方，推出比过去稍甜的新配方可乐。

斯蒂尔一看，乐了。

他认为契机又一次来了，并搞出了三个举动：

一、百事可乐在美国各大城市的街头，让消费者免费饮用百事可乐，以示同乐。

二、给职工放假一天，以造成欢欣鼓舞的轰动效应。

三、在《纽约时报》等美国有影响的报刊上连续整版刊登广告："××可乐从市场撤走了他们的产品，把秘方更改，以便更好地效仿百事可乐的味道……某种东西如果很好，就用不着改变它。是百事可乐的成就，迫使对方做出改变"，现在是对方"正视现实，向百事看齐"的时候了。

百事可乐公司竟然还摄制了一个30秒钟的电视广告片，准备在美国三个电视网同时播放一个月。广告片的内容是：一个妙龄女郎惊奇地盯着镜头说："有谁能告诉我，可口可乐为什么要改变配方呢？"然后是她品尝百事可乐的画面，接着，女郎若有所思而又十分肯定地说："噢，现在我知道了。"

百事可乐的进攻是猛烈的。

可口可乐从来没有享受到这么隆重的待遇。

在内外夹攻下，可口可乐的市场销量剧降，公司的股票价格也很快下跌。

1985年7月初，可口可乐公司不得不公开宣布恢复可口可乐的老配方生产。经此一战，百事可乐公司可谓大胜。

百事可乐与可口可乐的市场份额对比，由1960年的1：2.5，缩小到1985年的1：1.15。

百事可乐与可口可乐平分天下了。

评述

可口可乐从创业伊始，就占据了美国软饮料行业中的统治地位。那时的可口可乐不是傲视群雄，而是环顾一圈，找不到一个可以跟自己掰掰手腕的对手，值得一提的第二位公司更不知在哪里。

可口可乐这个孤独呀！

1919年，百事可乐诞生了。但人们的观点是："在可口可乐的意识下，百事可乐很难有一点被认知的火花。"

面对可口可乐这样强大的对手，一是不能胆怯，唯唯诺诺，当孙子，那永远没有出头之日。二是不能蛮干，意气用事，硬碰硬，弄个鸡飞蛋打，得不偿失。这两点，百事可乐都回避了。他们有勇气和胆识，又狡猾多变，在追着可口可乐进攻的同时，还绕着打，稳扎稳打，步步为营，一点一点地与可口可乐"分争"市场。

通观早期百事可乐与可口可乐之间的竞争，有点"永争第一，甘当老二"的味道。应该说，这个战略是正确的。

《中外管理》杂志社的杨沛霆教授就谈到：说到"永争第一"自然是无可非议的，许多企业都这么喊的。但"甘当第二"有些令人费解了——说不好听一点的，这不是自甘落后吗？其实不然。细想啊，天天大喊"永争第一"，只不过是一种空洞的设想。如果没有切实可行的分步目标，又何时能争上第一呢?

"甘当第二"的精神可取之处在于:"甘当第二"决不是不争上游,而是先找一个比自己强的人,把他当成"老大",是老大哥,我就是老二,我跟你学,学你的长处,但我的目标仍是争第一。

"甘当第二"的策略是非常重要的,我吸收你的长处,结合我的长处,你的是我的,我的还是我的,那么我一定能比你强,道理就在这里。我把你的东西学来了,我就能超过你,之后再去找一个"老大",再甘当"老二",我永远这么做下去,然而我的目标永远是争第一,这才能一步步地走向成功。如果不甘当老二,天天稀里糊涂的,那么又怎么争第一!所以,一定要把别人的东西学过来,这同样也是自我超越。自我超越就是要有"甘当老二,永争第一"的精神。

百事可乐之所以成功就是"识时务者为俊杰"——斯蒂尔审时度势,放弃了以前的战略,从"跟随者"向竞争者靠近,进而成为超越者。

首先,百事可乐对市场的细分非常成功。他们没有与可口可乐进行全面接触,而是依据市场需求的变动,调整了产品结构和经营策略,以占领年轻一代的消费阵地为基础。这一仗打得快而猛,没等可口可乐回手,已经造成了"绝杀",年轻一代已被"笼络"住了。

巩固年轻一代市场的好处有两个:在内部,树立了信心,这是最关键的,百事可乐摆脱了自己的"穷酸"帽子,而且实力大增;二是在市场上赢得了挑战者的勇敢形象,在崇尚竞争的美国人面前,这种个性很容易赚得赞赏。

　　再有，百事可乐并没有为一时的小胜而喘口气，而是积极开拓新市场，树立自己"大众可乐"的形象，辐射更大的市场。

　　企业最忌讳的是小福即安。在这点上，百事可乐无疑是个一往无前的市场斗士。

　　至于百事可乐在促销上的一些小伎俩，在关键时候，也起到了为大战略实施推波助澜的作用。尤其它对瓦解对手士气方面有着不可估量的作用。这需要企业在制定战略时，要缜密，严谨，一环扣一环，有重型炮弹大力轰炸，也要有轻机枪轻巧点射。百事可乐对可口可乐的进攻就是这样。

　　百事可乐针对可口可乐的战术还有一点，就是：出其不意、攻其不备，抢占可口可乐没有占领或是没有很好巩固的国际市场。

　　一定要意识到，对手总是存在破绽的。

　　50年代后期，美苏关系开始稍有解冻。1959年，美国政府批准在苏联莫斯科市举办"美国商品博览会"。对此，可口可乐反应迟钝，丝毫未意识到这其中有什么文章可做；相反，时任百事可乐公司国际部经理的斯蒂尔却十分敏锐地看到了机会的所在，认为这正是打开苏联市场、进而开拓整个东欧市场的好机会，也是弥补百事可乐在国际市场上鲜有作为的机遇所在。

　　"美国商品博览会"在莫斯科开展的第一天，当美国副总统尼克松陪同苏共中央总书记赫鲁晓夫来到展厅时，斯蒂尔从展台上拿出百事可乐饮料，倒入精心准备好的茶杯请赫鲁晓夫品尝。赫鲁晓夫高兴地连饮了好几杯。记者们的照相机、摄影视把这一串镜头，迅速传遍了苏联城乡，传遍全世界。

于是，苏联民众在赫鲁晓夫的"诱导"之下，出现了品尝百事可乐的热潮。

莫斯科美国商品博览会后，百事可乐成了第一家获准在苏联销售产品的美国消费品公司。不久，该百事可乐又被批准在苏联设立生产工厂。当时，东欧各国在经济上对苏联的依附性很大。斯蒂尔成功地占领苏联市场后，很快便打开了东欧各国市场——真是"好戏连台"。

1980年，百事可乐成功地赞助了莫斯科奥运会，从而进一步巩固了它在苏联的规模最大的西方消费品公司的地位。一直到90年代初苏联解体之前，百事可乐始终保持着在苏联及东欧饮料市场上的霸主地位。

无论可口可乐，还是百事可乐，都会因为身边有了这样一个强悍的对手，感到幸运的。

竞争，让竞争双方逐步强大起来。

链接

1898年，药剂师伯特翰姆在纽约州创办了一家规模很小的饮料厂，1919年发展成百事可乐公司。该公司创办以后由于经营不善，1922年、1931年两次宣告破产，转手他人。1933年，难以支撑的百事可乐不得不找到可口可乐请求予以收购，只因在价格上没有达成协议才告作罢。

20世纪50年代末以后，百事可乐实施"市场导向型"的经营战略，向可口可乐发起了一波又一波的冲击。

1993年度，百事可乐的销售额达250.21亿美元，居世界最大工业公司的第48位；利润额15.88亿美元，资产额237.06亿美元。是年，可口可乐公司的销售额为139.57亿美元，居世界最大工业公司的第94位；利润额21.76亿美元，资产额120.21亿美元。百事可乐的销售额与资产额均大大超过了可口可乐，成为世界饮料市场的新霸主。

1997年度，百事可乐公司的销售额达292.92亿美元，居"世界企业排行榜"的第95位，大大高于可口可乐公司；但其利润额只有21.42亿美元，比可口可乐少了近20亿美元。

这之后，百事可乐和可口可乐此消彼长：谁看谁都是对手，可谁也离不开谁。

冤家路窄呀！

8. 皮尔·卡丹的魅力

有一天，一个17岁的青年，在巴黎的一个酒吧借酒浇愁。一位伯爵夫人坐到他旁边和他说话。她问他：

"你身上的衣服从哪儿买的？"

"自己做的。"

伯爵夫人又说："孩子，努力吧，你一定会成为百万富翁的！"

这个孩子就是皮尔·卡丹。

皮尔·卡丹——这一世界著名品牌，诞生于20世纪50年代。

1950年，在巴黎，年轻的皮尔·卡丹租了一间简陋的门面，挂上了"皮尔·卡丹时装店"的牌子——开始了他的服装大师之旅。

1953年，他举行了第一次女装展示会，由此，皮尔·卡丹的名字赫然醒目地出现在许多报纸上。

春风得意。

1959年，卡丹举办了既有男装系列，又有女装系列的时装展示会。当时男性时装没有市场，在服装业内是不入流的。卡丹的异想天开遭遇的是冰天雪地。同业的冷落和指责一起袭来，他被赶出服装业的"顾主联合会"。

没有春风更奋蹄。

这个时代的巴黎青年，追求独特的个性，喜欢张扬。皮尔·卡丹大胆突破，设计了时代感强烈的"P"字牌服装——图纹对比和谐，宽窄长短相宜，生气勃勃，豪放洒脱，体现舒适、飘逸、挺拔和争娇斗艳、古朴典雅的风格。"P"字牌服装赢得了挑剔的巴黎顾客。演艺界名流、社会上层人士、达官显贵等争相慕名前来订制。

皮尔·卡丹时装店门庭若市。

三年后，皮尔·卡丹重返"顾主联合会"，还将主席的头衔戴在自己的脑袋上。

他着实不爱"戴"，可是没有办法呀，皮尔·卡丹不"戴"，还有谁敢"戴"。

法国是世界时装中心。20世纪60年代以来，卡丹一直是法国时装界的"先锋"派代表人物。他的时装，突破传统，追求创新，式样新颖，色彩鲜明，线条清楚，可塑感强，再加做工精细、质地华贵，因而得以独领风骚。

对于创新，皮尔·卡丹风趣地说："我已经被人骂惯了。我的每一次创新，都被人们抨击得体无完肤。但是，骂我的人，接着就做我所做的东西。……我是冒险家，我制造报纸第一版新闻已经不是一次，事实证明我成功了。"

然而，如何将法国服装文化乃至整个法兰西文化传遍全世界？

皮尔·卡丹的思考最后落在了"让高雅大众化"的经营战略上。

伯爵夫人说：『孩子，努力吧，你一定会成为百万富翁的！』皮尔·卡丹记住的是：孩子，努力吧……

　　他的经营理念是：时代不同了，明星制的模式必将走向死亡——是迎接"大众化时装时代"到来的时候了。

　　在冬天里，皮尔·卡丹看到了春风。

　　1961年，皮尔·卡丹首次设计并批量生产流行服装，一举获得成功。

　　此后，他连连推出各种式样的、不同规格的流行成衣产品，常常供不应求。

　　皮尔·卡丹不断地扩大公司规模，以顺应大众化市场的大量需要。

　　70年代末，皮尔·卡丹设计的一种宽条法兰绒上衣，风靡法国、美国，使巴黎、纽约的"绅士们"为之倾倒，如醉如痴。他立刻将其批量加工，投放"大众化"市场。皮尔·卡丹就是这样，一面设计出高雅的、领导潮流的新颖时装，一面将其投入大批量生产，占领最广泛的市场。

　　十多年来，皮尔·卡丹设计的许多时装，都被推举为最创新、最美丽和最优雅的代表作，并三次获得法国时装的最高荣誉奖"金顶针奖"。而这些获奖杰作，大多投放到他那遍布世界的"皮尔·卡丹时装店"的大众化市场。

　　树大招风。

　　皮尔·卡丹看着世界各地都有人仿制抄袭他的时装作品，知道难以防止，干脆就宣布，可以把设计方案卖给厂家生产，可以把他的商标转让给经营者，有意合作的厂商可以使用"皮尔·卡丹"商标，但都必须付7%—10%的转让费。尽管转让费高了些，可厂商还是纷至沓来。美国有一个叫图林的商人用了皮尔·卡丹的商标，一年可以多赚2000多万美元，如果不用"皮尔·卡丹"商标，产品几乎卖不出去。

迄今为止，皮尔·卡丹到底签了多少合同，他自己一定不记得了。但17岁的时候，那个伯爵夫人说过的话，他还记得。

"孩子，努力吧，你一定会成为百万富翁的！"

皮尔·卡丹记住的是：孩子，努力吧……

评述

皮尔·卡丹的成功，取决于他对事业的狂热追求，这是一个企业家必须的精神素养。皮尔·卡丹可以说是春风得意，其实，在春风来到之前，他更多是在泥泞的路上奔波与探索。没有放弃，成就了他的"时装帝国"。

皮尔·卡丹的成功，来自他持续不断的创新精神。具体的体现就是敢于突破，更敢于标新。

皮尔·卡丹的成功，是战略的成功。卡丹奉行"让高雅大众化"的品牌策略，使其时装帝国的疆域不断扩张：20世纪50年代打入世界最有潜力的美国和日本市场；60年代和70年代后期又先后打进世界上人口最多的印度和中国；80年代，全力以赴向苏联、东欧市场进军，并在许多国家开设服装工厂，靠"皮尔·卡丹"赚钱。

说到皮尔·卡丹的"让高雅大众化"，又不能不提到他的一次大胆创新。

1981年，皮尔·卡丹以150万美元买下即将破产的马克西姆餐厅。消息传出，巴黎震惊，不少人纷纷断言皮尔·卡丹肯定要破产。

　　皮尔·卡丹请来专家将餐厅修葺一新，在墙上画了希腊神话中的美丽女神，而背景则是一片田园牧歌式的优雅、安静和舒适的色调；餐厅里摆设了线条流畅的精雕木饰，洋溢着一派古色古香而又充满现代艺术风格的气息。皮尔·卡丹又聘来名厨师，精心制作食品。他做的最大决策是：菜肴、价格等全部为普通老百姓"度身订制"，餐厅全天对外开放。

　　消息引起了轰动。马克西姆餐厅原来是俱乐部式的，仅对少数会员开放，因此除了晚上有些客人外，白天几乎空着。现在，皮尔·卡丹居然要将餐厅面向全社会开放！

　　马克西姆餐厅开张了，引来顾客如潮。马克西姆历来是上流社会人士交往的场所，现在花少量的钱就能进去做"上帝"，老百姓当然要去看看了。当然，看了还要坐下来，坐下来还要点菜用餐……

　　于是，皮尔·卡丹又在世界的一些城市开了分店。

　　皮尔·卡丹=追求卓越+勇于创新+高雅大众化

链接

　　有人说，在法兰西文明中，有四个名称的知名度最高、地位最突出：埃菲尔铁塔、戴高乐总统、皮尔·卡丹服装、马克西姆餐厅。这其中，皮尔·卡丹一人竟然占了两项：服装和餐厅。这就是说，皮尔·卡丹成了法兰西文化的突出象征。

　　1922年7月2日，皮尔·卡丹出生于意大利威尼斯近郊的一个商人家庭。第一次世界大战毁掉了他父亲的生意，而后全家迁居法国。迫于生计，年少的他便走上社会，打工糊口，历经磨难。

17岁时，皮尔·卡丹到一家红十字会打工，凭着老实勤奋和聪明机敏，当上了一名小会计。在做会计时，他发现自己对裁剪方面的兴趣很浓厚，便利用业余时间学习服装设计。在兴趣的驱使下，他又进了一家裁缝店学手艺。

第二次世界大战一结束，23岁的皮尔·卡丹便骑着自行车到巴黎去闯世界，应聘于一家名叫"帕坎"的时装店。他勤奋、灵巧，设计技术提高很快。为了进一步开阔眼界，他又投奔由著名时装设计大师迪奥开设的"新风貌"时装店。在那里，他增长了见识，积累了领导时装潮流的设计心得和体会。他的设计技术也得到了飞跃。

这一年，著名艺术家让·科托克拍摄先锋影片《美女与野兽》，邀请皮尔·卡丹设计剧装。他为法国著名演员让·马雷设计了12套戏装，影片公映后，他设计的服装惊动巴黎，美誉如潮。

1950年，皮尔·卡丹租了一间简陋的门面，挂上了"皮尔·卡丹时装店"的牌子。同年，他首次举办展示会，展出自己所设计的戏剧服装和面具等。

1974年12月，皮尔·卡丹登上了美国《时代》杂志的封面，该杂志对他的评论是："本世纪欧洲最成功的时装设计师。"

有统计：在世界五大洲80多个国家里，有600多家工厂在按照皮尔·卡丹的设计，制造"皮尔·卡丹"牌"马克西姆"牌的各种产品；有5000多家"皮尔·卡丹"与"马克西姆"专卖店，其年营业额已超过100亿法郎。

9. 人头马：300年老店"镶嵌"时尚和现代元素

上篇：先说这"人头马一开，好事自然来"。

香港"四大才子"之一的黄霑有多重身份：作家、词曲家、主持人、编剧、演员。不过，他一直坚称自己是广告人而非音乐人。1963年，黄霑毕业于香港大学中文系，执教鞭两年后转入电视业，投身广告业并开始填词。他自称是商人，一直以广告为正职，但一个洋酒品牌的广告词却把他给难住了。这是上世纪90年代初的事情了。

原来是这样，黄霑做了几次文案后，经理都不甚满意，直到反复润色修改后，经理大概也觉得不太可能有更好的创意了，勉强同意。黄霑拿着文案送给客户，人家可不含糊，觉得文案没有突出产品的特点，打了板子。

这让黄霑感到羞愧，才子感到很丢面子。

黄霑回公司的路上，冥思苦想：这种酒的特点是什么？

不不，或许不需要考虑这种酒的特点吧，不管是洋酒还是中国酒，人们喜欢酒是为什么？

对对，人们喝酒就是想痛快，有劲，意气风发。不错，精神不佳，喝一口酒，浑身的劲顿时来了。一个字，爽。

但，这种感觉放到广告语中，又不能直白。必须要含蓄，有韵味，还要有某种暗示。

是啊，人们喝酒的时候，最希望的是什么？

当然，希望所有的不快一扫而光，好事好运接踵而来。

黄霑灵感一现：有了！

黄霑回到公司，走进经理办公室时，说："我想，在这个广告里，我们只用一句广告词，'人头马一开，好事自然来'。怎么样？"

经理轻声念了一遍，然后猛一拍桌子，说："好！'人头马一开，好事自然来'……好，就定这个了。"

结果，客户也大声叫好。

这个客户当然就是：人头马。

这句广告词不仅被人头马采用，而且被印上了人头马的酒瓶之上。广告推出之后，迅速成了街头巷尾的流行语。在此之前，有流行感冒有流行歌，还从来没有流行广告词。黄霑的这句广告词，不仅让人头马成了妇孺皆知的产品，而且彻底改变了广告在香港市民心目中的形象。

1992年，"人头马一开，好事自然来"从香港迅速流传内地，可谓脍炙人口。之后，人头马通过品牌广告反复宣传，将其品牌与贵族生活方式联系在一起——"男人最喜的心得"、"人生得意，享受之时"等广告语帮助人头马打开了市场。一时间，这个来自法国的洋酒居然在中国年销1600万瓶。

当然，人头马不是天天有好事。

下篇：再说这300年人头马新政＝一个女人＋时尚＋现代。元素。

  2008年5月的一天，人头马亚洲区总经理玛丽·佩芙出现在上海，给媒体留下了深刻的印象。有人说，这位法国女人将她的精致、高雅和迷人的微笑与其雄心勃勃的气质融合在一起，竟没有一丝"混搭"的错位感。玛丽·佩芙拥有巴黎道芬大学金融学博士学位，1997年加入人头马，先后担任人头马国际市场总监、干邑和白兰地国际市场总监等重要职务。算她倒霉吧，1998年，人头马这个300多年老店的葡萄酒业务日渐萎缩，曾一度净亏1.05亿美元。

  此后不久，人头马开始绝地反击。

  玛丽·佩芙把"倒霉"演变成了机遇。

  人头马要重新崛起，中国绝不可忽略。从全球奢侈品市场来看，很多世界一线的奢侈品牌也在纷纷加紧宣传攻势，开发中国这块新兴的具有巨大潜力的市场。而在玛丽·佩芙看来，由于欧美奢侈品市场的相对饱和，同时，亚洲人开始热衷于奢侈品的消费，这两个重要的原因成就了中国这样一个庞大的市场的出现。

  且看，这个娇小的法国女人如何凭借着自己独特的魅力与韧性，掌控着人头马、这个跨越三个世纪的家族企业在中国的"扩张"。

  2004年5月26日晚，人头马在北京的藏酷LOFT组织派对。为了让来宾更好地感受味蕾对名酒的敏锐度，组织者将来宾的视觉敏锐度降到最低点，全部的品酒活动都是在黑暗中进行——来宾们沿着一道曲折的暗道，左转右拐地被引领到座位。只有服务员手上佩戴的荧光棒闪烁出微弱的光亮。人们彼此只能略微看到对方的轮廓。

  够神秘！

够刺激！

为了让来宾打消黑暗的寂寞感，DJ特地挑选了抒情的音乐。

之后，组织者邀请来宾品酒，这个环节吊足了来宾的胃口。

"请各位先拿左边的杯子喝口水，然后拿起左边第二排左边的杯子里的坚果嚼几下，再请喝一小口我们的XOE，然后仔细地用舌头体味一下，是不是有种清淡的芳香？"

还不错。

"再请各位拿左边的杯子喝口水，然后拿起左边第二排第二个杯子里的果脯嚼几下，再请喝一小口我们的XOE，然后仔细地用舌头体味一下，是不是感觉芳香比上一次更加浓郁？"

有点意思。

"再请各位拿左边的杯子喝口水，然后拿起左边第二排第三个的杯子里的巧克力嚼几下，再请喝一小口我们的XOE，然后仔细地用舌头体味一下，是不是这次你感觉到的芳香来得更加强烈？"

够味……

这就是玛丽·佩芙的创意。她让来宾首次享受了黑暗品酒，并让诸位最终体味到了强烈的芳香。她说，对于一个真正识酒、懂酒的人来说，品酒并不只是对味蕾的刺激，在整个过程中，饮酒者的五官都将是一个很好的综合体验。黑暗派对其实就是对品酒者五官体验的一个最好的例子：晶莹闪烁的荧光棒让黑暗不再寂寞；悠扬空灵的背景音乐让大家思绪自由驰骋；在穿过黑暗的通道时，一边摸着从

对于一个真正识酒、懂酒的人来说，品酒并不只是对味蕾的刺激，在整个过程中，饮酒者的五官都将是一个很好的综合体验。

空中垂下的不同质地的帷幕，一边徐徐地向前探索，柔柔的触觉仿佛干邑那顺滑的口感在其间穿梭。

酷。

玛丽·佩芙给人头马加入了时尚和现代元素，为了深耕品牌的力度，培养新一代的消费者。

在玛丽·佩芙的策动下，人头马专门针对旗下子品牌"君度"进行了一次全球的摄影艺术展，持续时间长达一年。人们看到了——拍片间隙神情俏皮的奥黛丽·赫本，在新泽西机场小啜一杯的伊丽莎白·泰勒，还有中国首席女影星巩俐身着旗袍走在戛纳影展的红地毯上……这些美妙的佳作先后传递到了英国、德国、西班牙、意大利、美国、中国……

在推广人头马新品中，玛丽·佩芙更是打起了瓶子的主意。

"你是否能看出新旧两个瓶子有什么不同？"玛丽·佩芙优雅地拿起新的V.S.O.P的瓶子，经常对采访的记者这样提问。

"红色更多了一些。"记者们的眼睛也是雪亮的。

她非常兴奋，说："这的确是我们想要得到的答案。红色、金色、黑色三种颜色组成的瓶体上，红色的增加和色泽的提升，是人头马更具有现代感的一个标志性变化。"

这个狡猾的女人，就是不承认，红色在中国还有一种含义——走红运。

当年，人头马在中国的红运是从"人头马一开，好事自然来"开始的。

黄霑为人头马所写的这句广告词如神来之笔，令人过耳难忘。这在某种层面上也反映了上个世纪90年代初，那个时代的人们对财富、运气，以及奢华的深刻情结。但是，不得不承认，这句广告语逐渐反映出它与时代情绪的脱节。

广告并不是成就奢侈品品牌的唯一路径。随着新一代消费者的形成，他们的个性和消费理念发生了很大的变化或者说是进化。这些消费者不再注重物质层面的炫耀，而是更加内敛，更为关注品位、格调和氛围。

玛丽·佩芙认为，在这样的环境下，人头马原来的广告语已经不能满足新的消费者的精神需要，为了新的目标消费群体的个性化需求和自我定位，人头马将原来的广告语推倒重来，改为"FeelMore感·触无量"。

300多年的人头马玩起新花样了。

2006年度，人头马在世界品牌实验室（World Brand Lab）编制的《世界品牌500强》排行榜中名列306位。现在，全世界每销售三瓶V.S.O.P中，就有一瓶来自人头马。而人头马更成为各种V.S.O.P干邑参照的典范。

评述

先说说二十世纪八十年代人头马在中国的成功。

人头马的品牌推广，通过广告促销与攻关策略获得成功：通过电视广告，人头马的品牌知名度扶摇直上；通过人力攻关，人头马最终完成了产品"落地"。可以说，黄霑的灵感功不可没。人头马之所以采纳了这位才子的创意，因为他们通过大量的定性调查和研究发现：重亲情、节日合家团圆的喜庆气氛是中国最看重的社会文化，而且喜庆之日必备美酒助兴。于是人头马推出了迎合中国人心理的广告语："人头马一开，好事自然来。"

为了让品牌深入人心，人头马采用了两个阶段不同的策略。

第一阶段：电视广告。上世纪90年代初，电视广告几乎是任何酒类企业制胜中国市场的法宝，人头马并没有标新立异，通过电视广告的宣传，人头马的品牌知名度家喻户晓，几乎成了洋酒的代名词。名声在外之后，人头马审时度势，迅速调整策略。

第二阶段：渠道推广。1997年以后，在中国任何品种的酒都供大于求，简单的广告轰炸失去威力。于是乎，包装、产品度数及促销品、促销员等多管齐下，成为众多酒类企业的招法。人头马调整思路，将广告拉动转变为以争取目标消费者为目的的通路推广，一切广告促销和人力推广皆围绕通路展开。人头马把大量的费用投入到酒吧、宾馆等终端，通过赞助大型酒会、聚会，定期举办商务休闲活动等，大力倡导其高雅的品位和传播其优雅的文化内涵。

其中一招，就是独特的"人力攻关"。

在目标酒吧等终端消费场所，游弋着许多着装绅士的人头马公关员，他们沉稳、冷静，温文尔雅，恰到好处地请目标消费者喝上一杯醇香的人头马。此时，被邀请的客人以为自己遇到了也热爱白兰地的知己。

来吧，人头马。

有人说，人头马的举动无异于中国酒类终端市场上流行的促销小姐。

大错特错。

实际上二者的策略相差甚远。

促销小姐的目的就是直销，让消费者选喝所推销品牌的酒。

人头马"绅士"、"先生"的目的不只是卖酒，主要是对那些有一定身份的人群继续展开潜移默化的影响，同时融入到这个圈子里，成为他们的朋友。基于对朋友的认同，这些潜在的人群慢慢会成为人头马的忠实顾客——他们的其他朋友往往成了跟进的消费者。

人头马对市场人员有一条重要要求：必须表现得像个"绅士"。当然，支持的力度也不小：依据交朋友的需要，他们自主决定费用的开支，上下班没有具体约束。考核三个标准：营销场所样板陈列的好坏、具体销售份额和其所交朋友圈子的广度和深度。

这一点，值得中国酒业借鉴和学习。

再说说21世纪初人头马开始的新政。

持续一年的"君度"全球摄影艺术展、黑暗派对、为酒瓶增加点红色、抛弃耳熟能详的广告语，代之以"Feel-More感·触无量"……玛丽·佩芙让300多年的人头马老店焕发青春，变得时尚、酷、炫，更加多姿多彩，生机盎然。

这些创意，丰富多彩，摇曳多姿。

有的大——"FeelMore感·触无量"取代"人头马一开，好事自然来"。可谓影响广泛，不啻又为人头马做了一次大广告。

有的小——在酒瓶上增加一点红——这一点看似小，所有的酒瓶放在一起，就是"星星之火，可以燎原"了。

有的时间长——"君度"全球摄影艺术展，持续一年，历经法国、英国、德国、美国、中国等消费大国，传递人头马的文化品位和内涵。

有的时间短——黑暗派对品酒，只有一个晚上，但选择了藏酷LOFT——京城娱乐圈、时尚界、新闻人物眷顾的重地，一夜春宵，既短又长，那种感觉，历久弥新。

细细想来，这些品牌推广活动，无不是品牌精神气质的传播和延续，无不是品牌文化内涵的张扬与倡导——消费者，就这样，一步步被牵着鼻子走——成为品牌的拥护者，传道者。

玛丽·佩芙对"人头马一开，好事自然来"的舍弃，堪称"壮举"。她认为，新的广告语比以往的任何一个广告语都更能反映出时代的要求。

时代，是个时间概念，不可避免地要留有时尚和文化的痕迹。如果一个品牌不能与时代同步，那就是"雁过不留声"，沦落为落伍者。

今天，一个落伍者，想要东山再起，难。

除非这个品牌具有深远的影响力，文化内涵，还要有力挽狂澜的人物登场，当机会出现的时候，绝地反击，重占鳌头。

这一点，人头马做到了。

卓越的品牌不是跟随，而是超越，做引领者。

而想把一个品牌做到卓越，就是千方百计，想方设法地超越前面的引领者。

看看时下一些"中国制造"特色下的"跟风战术"、"搭车战术"、"跳楼战术"、"断臂战术"……没有技术含量不说，离"奢侈品"越来越远。

"此奢侈"不是"彼奢侈"。

记住这个玛丽·佩芙吧——

她喜欢黑色、质地讲究的衣服。

她个头不高。

她喜欢微笑。

她游走在一些品牌活动的推广中，高贵气质尽显，在不经意中融入人头马的品牌文化中。

但是，她说："如果一个品牌拥有者总是在各种酒会、PARTY、沙龙上度过自己产品的推荐活动，是否也是一种比较沮丧的事呢？"

没错。

但是，谁敢休息？

在市场上，谁睡大觉了，噩梦就前来敲门。

否则，白兰地与威士忌也不会……"链接"一下更精彩——

链接

威士忌与白兰地的夜场热战

看过可口可乐与百事可乐的较量吧。

看过麦当劳与肯德基的较量吧。

看过宝马与奔驰的较量吧。

……不是冤家不碰头。

企业之间的较量，有时硝烟弥漫，刀光剑影；有时暗度陈仓，举重若轻，真是不一而足，也是美不胜收。

瞧瞧威士忌与白兰地两种酒类的杰出代表：如何热战中国的夜场。

全球权威行业杂志《国际葡萄酒和烈酒纪录》报告指出，中国在2005年进口的9升装烈性洋酒达255万箱，比上年增长了62%，而这一增幅主要来自芝华士、Johnnie Walker等苏格兰威士忌的推动。在去年，威士忌首次超过干邑白兰地，成为中国进口的最主要的洋酒品种。

"人头马一开，好事自然来"已经成为20年前辉煌的一瞥。

现在，人头马正如其广告语所言："选择，走在前面"；希望"所有门为我打开"。

人头马需要在中国重新树立自己全球顶级干邑的江湖地位。

1992年，洋酒"好事自然来"，掀起了"第一波"进军中国市场的高潮。当年，中国进口洋酒超过100万箱，以葡萄为原材料酿制蒸馏的干邑白兰地成为进口洋酒的主角，人头马、马爹利和轩尼诗等三大主导品牌迅速进入各大星级饭店、酒吧和商场。1994年，干邑白兰地在中国的销售量达70万箱，是世界销量第三的国家。其中，人头马遥遥领先，占领了当时中国洋酒市场的50%，1600万瓶的销量为人头马贡献了近一半的全球销量。

人头马虽是1979年最早进入中国的洋酒品牌，但是它的脚步也并非总能领先。如今，成为全球第二大烈酒厂商的保乐力加集团，2001年开始在中国大力推广旗下著名的马爹利干邑、芝华士威士忌；而全球最大的烈酒集团帝亚吉欧也于2004年携其王牌产品Johnnie Walker威士忌大举进入中国。

长江后浪推前浪，后浪把前浪拍在沙滩上。

中国按照入世承诺逐年减免关税，大大降低了洋酒进口的门槛，更重要的是，"先富裕起来的人"与日俱增，洋酒消费群体扩充到新生代的白领阶层和追求时尚的年轻人，消费区域也由沿海城市向内地二级城市延伸，中国成为增长最为迅速的洋酒市场，每年保持30%的增速。

来自苏格兰的芝华士，感觉敏锐，行动迅速，抓住了"第二波"的新变化，于2003年开始了具有突破性的营销推广。他们不再停留商场、超市的"日场"，华丽转身，贴近酒吧、KTV等"夜场"，将目标消费群定位于追求时尚品位生活的25岁到35岁的年轻人。芝华士分析了，这群人喜欢呼朋唤友，到酒吧、KTV等处对酒当歌。因此，芝华士将饮用其产品诠释为时尚休闲、热情奔放的生活方式，在推广上注重动感和活力，推出了"世界顶级DJ中国之行"等一系列不同主题的音乐派对活动，吸引年轻人尝试体验芝华士威士忌。

于是，也就有了"第二波"在威士忌加入雪碧、绿茶的创举。有人戏说这是"兑农药"喝法。但芝华士并不反对，相反倒是建议在酒中加入冰块、果汁等进行调味，以适应"时尚"多变的口味。

芝华士这一凌厉突变，立竿见影地扭转了夜场酒类消费比例——2004年，中国夜场酒类消费中，洋酒达到75%，啤酒15%，葡萄酒10%。洋酒的份额基本上是从啤酒夺来的，夜场渠道在洋酒销售中占据主流，占总销量的70%以上。

眼看着威士忌威龙闪耀，光芒四射，白兰地岂甘沦落他乡。

人头马虽然销售额每年增长15%，但面对2007年"芝华士12年"高达120%、帝亚吉欧的黑牌Johnnie Walker达63%的销售增长，如果再不亮剑，后果不堪设想。

狭路相逢勇者胜。

人头马摩拳擦掌，重兵挺入"夜场"，大力推广其入门级产品人头马VSOP，与对手的威士忌产品展开直接竞争。必须承认，时光流逝，人头马"好事自然来"的"第一波"逐渐退出江湖了，今日的"第二波"总有一种"人头马一开"属于过去时光。他们的感觉是"我的时代，我做主"。

必须承认，人头马在产品方面拥有垄断优势。法国政府规定，只有用法国干邑区所产的葡萄酿造的白兰地才能冠以"干邑"称号，而其中只有100%采用大香槟区和小香槟区的葡萄（其中至少50%来自最优秀的大香槟区）酿制的干邑，才能命名为"特优香槟干邑"。世界上只有17%的干邑是特优香槟干邑，而其中80%为人头马所有。这一优势正是人头马决胜于下一段征战岁月的重要资本。

人头马开始增加时尚与现代元素了，积极赋予这个300年老店亮丽的身姿，动感和活力。于是，人头马宣布增加3倍推广费用，鼓励经销商开拓夜场渠道。人头马旋即推出新广告语"心中干邑，干邑中心"，希望借助它削弱竞争对手付诸生活方式、精神价值的广告诉求，着重强调本身产品的卓越品质。

随后，"人头马VSOP——谁是心玩家"又彰显了酷派与超炫的感觉。

中国的夜场是一个新兴的夜场，威士忌与白兰地之间的较量，将会愈演愈烈。相信还会有"第三波"、"第四波"……

最终，谁会被拍在沙滩上？

人头马在"第一波"成功上岸，笑傲江湖。

但在"第二波"当中，沉湎于过去的光荣岁月。多亏醒悟尚早，意识到了"烟尘岁月"，抖擞精神，拍去陈年尘埃，迎头赶上。

这说明，一个企业，绝没有给自己放假的心思，否则，当你回来，人家"不跟你玩了"。

但是，辉煌与黯淡像是宿命一样：命中注定要相遇。任何企业都逃不掉"烟尘岁月"——有的时间长，有的时间短。

这可能就是像"人吃五谷杂粮孰能无病"吧，企业是人掌控的，也会患病。如果头疼脑热，过几天就好了；如果染上重疾，免不了的病入膏肓。

因此说，企业防止患有重疾，就成了一个问题。

有药方吗？

试着开一个吧——

一是注意强身健体。最好的强身就是培养人才。

二是注意劳逸结合。适当的时候放慢一下脚步，积蓄力量，方能走得更快。

三是注意常感饥寒。日子太"饱暖"了，行动慢不说，做事情不易专注。

四是注意夜长梦多。决不能"自然醒"。门外早吹"集结号"了，出门晚了，跟不上队伍喽。

五是注意取长补短。要横着比短，放眼一看，到处都是武二郎，自觉形秽，奋起直追。如果竖着比长，只观自己，怎么看都比过去高了，结果一开新店，招来的人比武大郎还矮半截。

六是注意立长志向。瞄准目标，咬住青山不放松。如果总是常立志，"多元"出击，事倍功半。

……没有包治百病之药，到此打住吧。

病由心生——企业有病，一定是"心思"在作怪。

好好想想吧。

最好的治疗是时刻进行自我诊断。

10．IBM：带着年轻人一同上路

1895年10月的一天，一个年轻人到美国全国现金出纳机公司办事，遇到了该公司设在布法罗市营业处的约翰·兰奇先生。他向约翰·兰奇先生表示：

"我……我希望能当一名推销员。"

"可以一试。"约翰·兰奇先生可没有太多时间跟他废话。

两个星期过去了，年轻人走街串巷，一台出纳机也没卖出去。

他来到约翰·兰奇的办公室，希望这个前辈能够给予指教。

"哼，我早就看出你不是干推销的那块料。瞧你一副呆头呆脑的样子，还不赶快给我从办公室里滚出去！你呀，老老实实地回家种地去吧。"

约翰·兰奇竟然劈头大骂。

这个年轻人身材高大，此时却无地自容。不过，他没有因为被数落而不满，只是默默地站在那里……最后，约翰·兰奇没有再发脾气，而是和蔼地说："年轻人，不要太着急了，让我们来好好地分析一下，为什么没人买你的出纳机呢？"

约翰·兰奇换了一个人似的，他请年轻人坐下，接着说："记住，推销不是一件轻松容易的事。如果零售商都愿意要出纳机，他们就会主动购买，用不着让推销员去费劲了。推销是一门学问，而且学问很深。这样吧，改日，我和你走一趟。如果我们俩一台出纳机都不能卖出去，你和我都回家种地吧！"

约翰·兰奇没有食言，过了几天，他带着年轻人上路了。

年轻人非常珍惜这个宝贵的机会，不放过任何学习的机会。他认真地观察这个老推销的一举一动。在一个顾客那里，约翰·兰奇静静地说："买一台出纳机可以防止现金丢失，还能帮助老板有条理地保管记录，这不是很好吗。再有，这出纳机每收一笔款子，还会发出非常好听的铃声，让人心情愉快……"

年轻人睁大眼睛看着一笔生意就这样谈成了。

后来，约翰·兰奇又带着这个年轻人出外推销，都成功了。

年轻人后来知道，约翰·兰奇那天对他的粗暴，一不是真的看不上他，二不是跟老婆吵架了拿他撒气，而是对推销员的一种训练方式：他先是将人的脸面彻底撕碎，然后告诉你应该怎样去做，以此来激发人的热忱和决心，调动人的全部潜能和智慧。

这个年轻人从约翰·兰奇那里学到了这种容忍的精神和积极的处世原则。1913年，他被人诬陷，被公司老板冷落了好几个月，最后被开除。那一年他已经39岁了。但他决定东山再起，没用多长时间，他负责经营一家只有13个人组成的计算制表记录公司。但并不顺利，几年后，公司几乎要破产，是靠着大量借贷才熬过了1921年的经济衰退。1924年，已经不再年轻的他将公司更名，他希望公司提高眼界，更上一层楼，成为真正具有全球地位的伟大公司。这似乎有点滑稽，听听他的儿子是怎么描述的：

"家父下班回来，拥抱母亲，骄傲地宣布，从此之后，计算制表记录公司改称比较响亮的——国际商用机器公司。我站在客厅的走廊上想到：就凭那家小公司？家父心里想的一定是未来的国际商用机器公司。他实际经营的公司仍然到处是叼着雪茄的家伙，卖的是咖啡研磨机和屠夫用的磅秤。"

好了，前面说的这个人就是：IBM的创始人——托马斯·约翰·沃森。

所以说，IBM是从带着年轻人一同上路开始的新里程。

评述

1874年，托马斯·约翰·沃森出生。谁也没有看到，这位17岁时就赶着马车奔驰在纽约州附近的农村推销货物，被人小看了的乡村货郎，竟然成为IBM这个电脑巨人的奠基人。

他的成功，离不开引路人。

约翰·兰奇对21岁的托马斯·沃森先斥责后提携的训练，影响了他一生和他的企业。日后，他成为一个伟大的推销员，并使得IBM成为一个具有非凡推销能力的企业。美国一家杂志说："在企业历史上，IBM公司采取的推销活动，其影响之大是空前的。"

在这里，再一次看到了对新员工进行最基本的心理和技能的训练，对其未来职业生涯的发展的重要性。

培训的方法很多，不能不承认，约翰·兰奇技高一筹，最难得的不是他的激将法，而是放下书本，将托马斯·沃森带在身边，与年轻人一同上路，在实践中进行身教。

至于说托马斯·沃森将公司更名为"国际商用机器公司"，可以看出一个伟大的企业家勇于开拓进取的精神——没有这一点，也就没有未来的IBM。

1956年6月19日，82岁的托马斯·约翰·沃森在纽约逝世。《纽约时报》用了四栏篇幅刊登了讣告，并引用了当时美国总统艾森豪威尔的声明中的一段话："托马斯·约翰·沃森的逝世使我国失去了一个真正的杰出的美国人——一个首先是伟大的公民和伟大的人道主义者的企业家，我失去了一位诤友。"

这个评价是公允的。

先于托马斯·约翰·沃森闭上眼的约翰·兰奇，也该欣慰了。

11. 菲亚特：吉德拉的三板斧成就辉煌

1899年，乔瓦尼·阿涅利与他人联手创办了一家汽车公司。1906年，阿涅利将公司定名为意大利都灵汽车制造厂，后来改制为股份公司：F.I.A.T（中文音译：菲亚特），既是公司名称的缩写，又是产品的商标名称。

1949年，阿涅利的孙子贾尼·阿涅利被指定为菲亚特公司副董事长，1966年，被正式推举为菲亚特公司的董事长。在阿涅利的领导下，菲亚特公司发展迅速，旗下的菲亚特汽车公司成为意大利最大的汽车制造企业，也是世界最大的汽车公司之一。

但是，在20世纪70年代前期这10年间，由于国际汽车市场疲软，意大利本国工资升高、物价上涨等不利情况冲击下，再加上公司内部出现了管理问题，菲亚特汽车公司经历了历史上最不堪回首的日子，公司连年亏损，在世界汽车生产商的排名榜接连下跌。此时，菲亚特集团的决策层中有不少人力主甩掉汽车公司这个沉重的大包袱。消息传出后，菲亚特汽车公司上下一片恐慌，都不知哪一天公司就会被卖掉或是解散。

1979年，阿涅利任命47岁的维托雷·吉德拉出任菲亚特汽车公司总经理。

吉德拉能给员工们的心神不定带来什么"安定片"吗？

吉德拉看起来没有什么办法。

他总是带着微笑与大家在一起交谈、访问。

他询问的问题倒是不少。

不久，吉德拉的小本已经记满了最后一页。一天，他合上笔记本，召开了公司管理人员会议。

"诸位，近年来我们公司每况愈下，似乎要从欧洲汽车生产商的序列中消失了。对此，我作为一名老菲亚特人，深感痛心。今天，请大家思考，菲亚特的问题在哪里？"

一片沉默。

吉德拉随即宣布："散会。"

众人神情严肃地离开会议室。

看着大家的背影，吉德拉满意地笑了。看来，他的计划已成功了一半：他相信今天的会议已经调动起了大家的情绪，首先是高层管理人员的斗志，别看大家默不作声，心下都已经开动脑筋了。这样，才能为下一步的计划铺平道路。

几天后，吉德拉又召开了公司管理人员第二次会议，这一次，他可没有马上宣布散会，而是举起了他的"三板斧"。

"我们要大幅度地进行机构调整，大家要有足够的心理准备和承受能力。"吉德拉严肃地说，"菲亚特汽车公司机构重叠，效率低下，是导致企业缺乏活力的重要原因……"

吉德拉雷厉风行，动手果断。很快，他关闭了国内的几家汽车分厂，淘汰冗员，职工总数一下子减少了1/3，由15万人降至10万人。这次机构改革的另一个重点是对菲亚特汽车公司的海外分支机构的调整。这些海外机构数量众多，但绝大部分效率低下，所需费用却很庞大，经常是入不敷出，成为公司的沉重包袱。吉德拉毫不犹豫地砍掉了一些海外机构。他停止在北美销售汽车，还拿掉了设在南非的分厂和设在南美的大多数经营机构。

吉德拉的"精简高效"遇到了强大的阻力。菲亚特汽车公司的员工人数在意大利首屈一指，被称为"解决就业的典范"，这次裁减人员的数量如此巨大，自然引起各方议论，但吉德拉丝毫不为所动，坚定地完成了计划。

吉德拉的"第二斧"是对生产线的改造。吉德拉通过在工厂的实地调查，认为公司技术落后、生产效率低下是造成它陷入困境的重要原因之一。吉德拉大量采用新工艺、新技术，利用计算机和机器人来设计和制造汽车。正是根据计算机的分析，使汽车的部件设计和性能得到充分改进，使其更为科学和合理化，劳动效率也随之提高。新工艺、新技术的采用带来的另一个结果是公司的汽车品种和型号大大增加，更新换代的速度大大加快，这就增强了菲亚特汽车的市场竞争能力。

吉德拉的"第三斧"是对汽车销售代理制的改革。过去菲亚特汽车的经销商不需垫付任何资金，而且在销售出汽车后，也不及时将货款返回菲亚特，而是占压挪作他用，这使得菲亚特的资金周转速度缓慢，加重了公司的困难。吉德拉对此做出了一项新的规定：凡经销菲亚特汽车，必须在出售汽车前就支付汽车货款，否则不予供货。此举引起了汽车经销商的强烈反对。但吉德拉始终坚持己见。结果有1/3的菲亚特汽车经销商被淘汰出局，其余的都接受了这一新规定，这大大提高了菲亚特的资金回笼速度，减轻了菲亚特的财政困难。

在古德拉的主持下，菲亚特汽车公司通过一系列改革，成效显著，重新焕发了活力。

评述

吉德拉的成功来自他走群众路线。他的"三板斧"直接来自与员工的沟通获得灵感、智慧和动力。最为主要的，在这之后，他与公司高层达成了改革的共识。

正确的决策都是建立在对企业内外环境的准确研究与判断基础之上。

吉德拉的"三板斧"也是有先有后，先易后难，有章有法。

先从内部精简开始——对冗员下手，增强大家的危机感，这很快容易见效。

然后，将锋芒对准生产设备，改进技术和工艺。这时候大家的情绪已经稳定了，而且改革的热情极高，技术改造是顺理成章。

接着，在两项内部改革达到了提高生产效率、增强竞争能力的时候，将最难的问题——经销商"不垫付任何资金"提了出来。吉德拉之所以敢向经销商叫板"必须在出售汽车前就向菲亚特支付汽车货款"，是因为他手里有容易出手的汽车。试想，如果吉德拉上台就这样要求，结果肯定是被经销商看做是疯子：你有什么资格？

当然，吉德拉现在是有这个把握的：你不卖，有人卖。菲亚特的汽车是会给大家赚钱的，不会烂在手里。

没有人不想吃香饽饽。

2006年度世界品牌实验室（World Brand Lab）编制的《世界品牌500强》排行榜中，菲亚特汽车公司名列第185位。该企业在2007年度《财富》全球最大500家公司排名中名列第84。

链接

乔瓦尼·阿涅利曾是意大利国会的议员，妻子是美国人。1899年，阿涅利与他人联手，在波河岸边的科尔索—丹特创办汽车制造厂，当年便生产出8辆微型轿车，因而成为世界上较早生产出汽车的厂家。在生产轿车的同时，老阿涅利不断创新，又于1903年研制出卡车，1906年生产出军用货车，1907年生产出船用柴油机，1908年生产出飞机发动机，1911年生产出筑路用牵引机和农用拖拉机，1912年生产出飞机。

1906年，老阿涅利正式将企业定名为意大利都灵汽车制造厂，后来改制为股份有限公司——F.I.A.T（中文音译："菲亚特"），既是公司名称的缩写，又是其产品的商标名称。

老阿涅利生了6个孩子，1935年，长子因飞机失事而不幸去世，老阿涅利就一心培养于1921年7月12日出生的孙子贾尼·阿涅利，希望他成为家族事业的接班人。因此，

1936年，小阿涅利15岁时，就进入菲亚特企业，跟在爷爷身边学习经营管理，正式成为"菲亚特王储"。老阿涅利用心培养自己的长孙，1939年又送小阿涅利到美国汽车城底特律去考察，学习"汽车大王"亨利·福特的创新精神和经营之道。第二次世界大战中，小阿涅利参过军；他毕业于都灵大学，获得了法学博士学位，毕业后还当过一段时间的律师。

1939年，老阿涅利又建立了更大规模的现代化的轿车制造厂——米拉菲奥列汽车厂。第二次世界大战期间，菲亚特遭受巨大破坏。因为小阿涅利的奶奶是美国人，二战后阿涅利家族同美国建立了更加密切的关系。1945年，老阿涅利去世，小阿涅利成了菲亚特集团实际上的掌门人。他得到了英国根据马歇尔计划援助意大利的资金中的大量份额，在老阿涅利的得力助手维托里奥·瓦莱塔的辅佐下，很快便使菲亚特集团重新活跃起来，并于1947年吞并了皮埃蒙特汽车公司。该年底，该公司已基本恢复到二战前水平。

1949年，贾尼·阿涅利被指定为菲亚特公司副董事长。

贾尼·阿涅利的妻子玛蕾拉·卡拉乔治迪·卡斯塔尼亚托郡主，是一位那不勒斯的贵族之女，她聪明而美丽，对丈夫的事业十分支持，而对他的放荡不羁的性格十分容忍。在瓦莱塔和玛蕾拉的协助下，阿涅利于40年代末至50年代初先后推出了"菲亚特-600型"和"菲亚特-500型"汽车。这两种车型很快便在市场上畅销起来，使得菲亚特集团追上了世界汽车发展的潮流。

1966年，贾尼·阿涅利被正式推举为菲亚特公司的董事长。

1979年，贾尼·阿涅利推举维托雷·吉德拉出任菲亚特汽车公司总经理，使得菲亚特汽车公司重新崛起。

贾尼·阿涅利在世人的眼中，不仅仅是一个企业的董事长，而几乎成了"意大利的化身"。一个美国外交官曾说："阿涅利，他几乎是意大利的洛克菲勒、福特、罗斯福。找遍全美国，你也无法找出一个人和一个家族，其声望足以代表全国的成就。可是在意大利，阿涅利就是这样一个十分显赫的象征。"

意大利的菲亚特集团的菲亚特汽车公司，是意大利最大的私营垄断企业组织，它占有意大利全国国民生产总值的四成、全国股市的三成。菲亚特汽车公司的轿车产量，多年居欧洲第一位，长期占全国汽车产量的90%以上。

菲亚特汽车就是"意大利汽车"。

12．迪士尼：不要活在过去的 时间里

1966年11月30日，沃尔特·艾拉斯·迪斯尼逝世。

20年过去了，迪士尼公司一直尊敬着创始人的形象，但过去的火花、灵感和敢于冒险的精神似乎随着迪士尼的离去而消失了。这期间拍摄的电影缺乏光彩，票房收入极差。1971年开放的加利福尼亚的迪士尼乐园也没有什么新的娱乐产生亮点⋯⋯

"沃尔特将会怎么做？"

大家都发出了这种疑问——成为公司难以回答的问题。有些员工认为，他们是在为一个死人工作呀。

1982年的纯利润下降了18%，第二年又下降了7%⋯⋯

沃尔特·迪士尼公司开始走下坡路了。

这个时候，迈克尔·艾森纳来了。

迈克尔是个什么样的人呢？

纽约城。一个秋日的傍晚，街灯初上，熙来攘往的人行便道沐浴在一片暖暖的黄昏中。站在公园大道高处的一幢优雅别致的公寓房中，透过窗户，年方9岁的迈克尔·达马恩·艾森纳饶有兴味地看着街边的一切。他的眼睛捕捉到

楼下街角处一对倾谈的情侣，青年穿着优雅，姑娘美丽出众。

突然，姑娘转身快步离开。

"她甚至没有回一下头。"迈克尔心想，"难道他们在吵架吗？"他看了看小伙子，"这个家伙也没看她一眼。哦，我知道了，他们是间谍！那个男人刚刚交给姑娘一个装满了军事机密的信封。"

"迈克尔，吃晚饭饭了。"母亲喊他了。

"不，不，这个男人不是个间谍！那么他一定是个小偷，那个漂亮女人是他的搭档。今晚他们肯定将在某个晚会上碰头，然后偷走所有人的珠宝。"

"迈克尔，吃饭了！"

"不，还是不对。"迈克尔再度把目光投向街灯下昏黄的光圈里。

那个青年在街上踱来踱去。

"他们肯定不是偶然相遇的，绝对在策划某个秘密。只是在此之前她不得不先跟其他人谈谈，随后他们还将在这里碰头，一起逃走，离开某个人……"

"迈克尔·艾森纳！马上过来吃饭！"

迈克尔的母亲站在离儿子几步远的地方，叹了口气："他又做白日梦了。"最后，她不得不抓着儿子的胳膊，半拖半拽地把他拉到了餐桌边。

此时，当律师的父亲和哥哥已经就座了。母亲抱怨着："迈克尔，我的上帝，求求你了，他们不过是普通人。你什么时候不再把你看到的每件事都想象得那么富于戏剧性？"

回答是："永不。"

他的母亲当时并不知道。在以后的岁月里，正是迈克尔·艾森纳非同寻常的想象力、热爱冒险的天性，以及非凡的洞察力，使他年仅34岁时就成了好莱坞最年轻的杰出人物之一。任何一家濒临破产的电视或电影公司都盼望着得到迈克尔来拯救危亡。1984年，42岁的迈克尔已经是好莱坞最大的电影公司派拉蒙公司的一位成熟的总裁了。

1984年9月22日，迈克尔·艾森纳当上了沃尔特·迪士尼公司的董事长。

迈克尔清醒地认识到，要让这家困难重重的企业焕发青春，自己需要更多的帮助。他一分钟也没有耽误，聘请了在好莱坞的朋友弗兰克·威尔士担任总裁。威尔士是一流的律师，因其天才般的商业洽谈能力而闻名。两个朋友达成一致，迈克尔负责新创意的产生，熟悉商业运作的弗兰克料理财务，看看公司是否有足够的财力、物力去实施这些创意。

迪士尼公司的人们非常乐于接受这种让人熟悉的双人组合。这让他们想起了沃尔特·迪士尼在世时，就是由他本人集中负责创意，而他的哥哥罗伊则管理公司的预算、支出和投资。这种创意与运营的组合完美地存在了许多年，直至1966年迪士尼去世为止。现在，迪士尼公司的管理层希望迈克尔的类似组合能再次奏效。

迈克尔在用人上别出心裁：经他挑选的人大多数已是人到中年，有了家庭和孩子。

"我们这种以生产为家庭服务的产品为主的企业，员工本身更应该注意参与家庭生活。"

他为此也算是一个楷模，因为他会偶尔逃离高层会议，与孩子们一起参加聚会。而且，每个周六，他都与孩子们一起观看或参与体育比赛。后来的事实证明，他的很多想法都得自他对自己几个成长中的孩子的观察。例如，给最小的儿子买喜欢吃的糖果时，就获得了灵感，以至产生了后来的周六早间卡通片《卡米熊历险记》的想法。

从来到迪士尼公司的第二个星期开始，在位于贝弗利山的豪宅中，迈克尔召开了一系列的周日早间例会。这些会议被称为"创意集中营"。迈克尔把自己和几位员工锁在一个房间中达数小时之久——大家必须推出无数创意。而每个人都有权否决别人的看上去不怎么样的建议。迈克尔尽一切努力鼓励同仁们大胆地提出各式各样的点子，甚至一些看上去有些愚蠢的想法也无所谓。

为了不把创意的大脑们饿着，迈克尔常常让服务员准备好精美的糕点。但他很快就将这些装甜点的托盘撤了，因为他发现，会后再请客，他的经理和员工们会把最好的想法都摊出来的。

但资金还是匮乏。

现实的、迫切的资金短缺促使迈克尔审视迪士尼公司庞大的旧影片储藏，其中有诸如《白雪公主》和《灰姑娘》等经典儿童片。但是，他深知，迪士尼的规定是，每隔七年才在全国的电影院上映这些电影。他更知道，迪士尼公司管理层曾经拒绝将它们制成录像带出售。因为担心人们买了录像带后，就可以在家里收看，而不会到电影院去了。迈克尔不相信这个。他清楚地记得童年时把心爱的书读了一遍又一遍的情形，更记得儿子对喜爱的电视节目没完没了地重复看的样子。

对迈克尔来说，在迪士尼的故纸堆里发现这些难得一见的电影，简直就像找到了一大块金子。他立刻下令在圣诞节将一两部这类影片制成盒带出售。结果，仅销售录像带这一项就为公司带来了数十亿美元的收入，缓解了现金压力。

迪士尼公司缓过了乏来，又开始了快乐的发力。

评述

一个人可以为今天保证，但不能为明天担保。

所以，人们万万不可以躺在前人的枕头上，即使他曾经是神。再说了，神也有打瞌睡的时候，他就那么灵吗？

迪士尼公司的人就是活在过去的时间里太长了。

好在他们终于醒了——迈克尔·艾森纳带来的是早晨。

新官上任，最要紧的是取得大家的信任。但迈克尔·艾森纳选择两人当政，不是为了让人信任而采取的一种"继承"，而是一种需要——首先是迪士尼公司需要迈克尔·艾森纳和弗兰克·威尔士精诚合作；其次，管理分工也要求他这样做。

这一点上，迈克尔是老到的：人不可能把什么事儿都做了，而且还能做好。

大权在握看似威风，其实人一旦被权力的枷锁套上，痛苦只有自己知道。而从历史上看，没有不交出去的权力。

死了，必然要交。

不死，老了，干不动了，也要交。

不死，也没有老，但干得不好，到时候了，不交也得交。

至于迈克尔的做法与前辈的一致，纯属巧合。

迈克尔做得最成功的工作还是对人的发动。

领导者是什么？

不是管理，而是领导——是发动机，能够激发下属的激情、创造，让个人的价值实现与企业的目标在一条轨道上。应该说，迈克尔搞的那个"创意集中营"，才是他作为领导者的合格标志。

至于他敢于打破先例，让储藏室里的《白雪公主》、《灰姑娘》换来了白花花的银子，这不为奇。作为一个企业家，不能从困境中找到突破口，迪士尼公司花那么多钱养大爷吗？

链接1

"没有一个人会坐着看完一个90分钟的卡通节目。"

这话今天听来是多么的幼稚，但在半个多世纪以前，却不失为一个良好的告诫。但接下来的是，这篇故事的主人公干脆把此话当成了耳边风。

沃尔特·艾拉斯·迪士尼在襁褓里会笑的时候，他的家从芝加哥搬到了密苏里地区的一家农场。他刚刚会把一根树条放在两条腿间当成马来骑了，许多杂事也开始需要他来做了。

仓库总算清理干净了。

苹果总算摘完了……

迪士尼躺在草地上，两眼紧盯着密苏里辽阔的天空。

1923年，迪士尼已经是一个技法娴熟的画家了。他对卡通片兴趣浓烈，并对自己的电影梦想穷追不舍。

他向叔叔伸手，要借500美元。

"可以。但你必须用现金还我……"

唉！如果这个叔叔把这500元当成投资入股了，他的回报将从1923年的500美元上升到今天的10亿美元。

还是说1923年吧。迪士尼又来到加利福尼亚。4年之后成立了沃尔特·迪士尼公司。

1928年，他获得了巨大成功。他的米老鼠出现在同期录音的卡通片《蒸汽船威利号》里。

迪士尼的卡通片和米老鼠终于大受欢迎了。到了20世纪30年代，这个可爱又顽皮的小家伙已经完全吸引了世界各地的观众。

一个从农场走出来的孩子的伟大，源于他的非凡的想象力和天才的创造力，源于他敢于实验、投资，把时间和精力用在新的冒险上。

"没有一个人会坐着看一个90分钟的卡通节目的。"

好心人告诫他。

许多人劝他见好就收。

迪士尼坚持自己的梦想。他领导大家用新的艺术形式制作了《白雪公主》。其实，他是面临着大家一致的嘲笑展开自己的开拓的。他坚定自己能够生产出既吸引儿童，又吸引成人的电影。结果，《白雪公主》在1937年上映时为他赚得800万美元，并且获得了奥斯卡奖，这个时候好莱坞才真正承认迪士尼。

1942年2月放映的《皮诺曹》时，《纽约时报》把它称为迄今为止最好的卡通片。但《皮诺曹》的诞生却颇为周折。因为制作到了6个月的时候，动画家们已经耗费了大量的时间精心绘制了一半，迪士尼发话了：

"我希望大家都能够停下来。我们的皮诺曹看起来太僵化了，这样不行。"

"可我们已经花掉了50万美元?!"

"这没有关系……我们不会畏缩不前的。"

前期的努力被抛在一边，迪士尼把金博尔——他属下一位年轻的天才动画绘画者叫到自己的办公室。

迪士尼召见金博尔时，他正在剪辑室的地板上，因为一部片子的制作不太好而伤心，打算利用这个机会提出辞职。

迪士尼没有给他想要"出走"的机会。原来，金博尔一直激动地听着迪士尼谈论着对电影的梦想，以至完全忘了自己要跳槽的打算。最后，他也不知道自己是怎么留下来的了。

停止制作《皮诺曹》，因为正在进行的电影没有坚持迪士尼的完美原则。

当时，迪士尼公司已经赢得了全世界的喝彩。迪士尼完全可以让电影按原样制作下去，不至于破坏公司或他的声誉，并且能够节省大量的资金。但迪士尼决不会接受非优秀质量的产品。结果《皮诺曹》花了300万美元，比任何其他动画片花的都多。

从1930—1942年期间，迪士尼把动画片从一个单纯的娱乐业转变成一种全新的艺术。他利用科技手段创造了由故事、声音和色彩三者完美结合的艺术体。

他知道伟大的梦想需要大动作。

他坚信：梦想+信念+勇气+行动就是力量。

这个故事很容易让人联想到中国的一句俗语"抽条"。

"抽条"大都发生在成功的企业上。

认为企业知名度打出去了，产品有市场了，消费者认同了，可以"变通"了。于是，为了增加利润，在不能保证质量的前提下，减低成本。这样的例子太多了。酿酒的多兑点水，生产香肠的多添点面，制造汽车底盘的好钢少用一点，拍电影的等不急了真雪地，用白的尿素铺上也能对付，反正观众也不会钻到银幕里头看个追究……

迪士尼如果要考虑已经付出的50万美元，这还不包括失去的时间、人力、精力等，而对付一下，也不是不行。但这不符合他的企业追求完美的理念。

企业为消费者应该永远"加厚"。

实际上，迪士尼的伟大之处表现在他对市场的准确判断与把握。

在没有人看好卡通片的时代，他却看到了巨大的需求，于是，他用梦想、信念、勇气和行动，完成了供给。可以说，他创造了需求，引导了市场。

有人说，市场经济规则太多，机会太少。

不然。

在没有看到机会的时候，规则当然多了，这也不行，那也不行。而一旦把握了机会，规矩也是可以创造的。

谁能说，后来的迪士尼公园没有创造出"知识+娱乐"的规矩呢。

链接2

迪士尼始终坚持的"寓知识于娱乐之中"的经营战略，回避犯罪和色情镜头，受到世人欢迎。其出品的聪明、活泼的"米老鼠"、满腹怨言、喋喋不休的"唐老鸭"、大智若愚而勇敢的"三只小猪"，以及七个小矮人帮助白雪公主的动人故事，使青少年们从欢笑与娱悦中获得了知识和智慧。

1964年9月14日，美国总统约翰逊在白宫授予迪士尼"自由勋章"，并称赞他在娱乐方面"创造出了一个美国民间的奇迹"。

1966年11月30日，65岁的沃尔特·迪士尼因病不治，与世长辞。

1988年，三家世界范围的独立调查公司联手进行了一项全球调查，得出"世界影响最大的十大品牌"中，"迪士尼"名列第5位。

1994年，迪士尼制片公司发行的动画片《狮子王》，再次引起世界轰动，在全球20部最卖座影片排行榜上位居第4名。

1995年12月号的西班牙《趣味》杂志上发表的"改变本世纪经济生活的25位关键人物"中，迪士尼列在福特之前而居企业家之首，并说他差一点荣获诺贝尔和平奖；他以其天才创作而获奖900多项，其中30项是奥斯卡奖。

1996年，《幸福周刊》调查评选的"美国评价最好的公司"中，迪士尼公司排名第13位，与麦当劳公司并列；

还被评为"最好的娱乐公司"。

1998年10月26日，美国《财富》杂志发布的世界明星企业排行榜中，迪士尼公司仅次于通用电气、可口可乐、微软而排名第4。

英国《金融时报》曾报道：国际品牌咨询公司评估出的世界知名品牌价值排行榜，迪士尼以322.75亿美元列第6位。

13. 朱莉娅·罗伯茨成为阿玛尼的 设计师

2008年，一件有趣的事情将设计大师乔治·阿玛尼与"好莱坞现代灰姑娘"朱莉娅·罗伯茨联系在一起。这就是罗伯茨当上了阿玛尼的设计师，设计出一款皮革手镯。

当时，许多人深感诧异，甚至怀疑是不是听错了：阿玛尼可是国际品牌，罗伯茨即使心灵手巧，要做设计师，也怕是赶鸭子上架吧。

不过，乔治·阿玛尼对罗伯茨很有信心，对外界声称，罗伯茨一定会用她的智慧创造出精美的装饰品，而且这款饰品一定会受到追求时尚者的欢迎。

看来，此次合作不是一次心血来潮的玩票。

为了帮助罗伯茨完成她在时尚领域的"处女秀"，乔治·阿玛尼亲自为她挑选了制作手镯的皮革材料，那架势只许成功，不能失败。果然，罗伯茨不负众望，终于设计出了有红色和棕色两种颜色的手镯——手镯的外圈有一个"生命之树"的图案；手镯的内圈刻着罗伯茨名字的英文缩写"J.R."。

乔治·阿玛尼看到手镯后甚为欣赏，向外界推介道，手

镯分为男女两种样式，其中，男款的零售价为195美元，女
款的零售价为175美元。

评述

乔治·阿玛尼为什么选择朱莉娅·罗伯茨设计手镯？

首先，朱莉娅·罗伯茨多年来一直是阿玛尼品牌的忠实
拥护者，她在出席各种颁奖晚会和电影节时，经常穿着阿
玛尼。这一点非常重要。如果她不欣赏阿玛尼，乔治·阿玛
尼自然也不会找到她。两者的惺惺相惜是这次合作的基础。

第二，合作是品牌的需要。即使阿玛尼的美誉已经是
"酒香不怕巷子深"了，但深谙品牌只有精心维护才能深入
人心的乔治·阿玛尼，自然不会放过任何可以吸引人们关注
的新闻。选择这位"好莱坞现代灰姑娘"担当一次设计师，
不为留下一件经久不衰的佳作，只为名扬一个令人津津乐
道的佳话。

第三，为什么是2008年，而不是1998年、或者1988年与
朱莉娅·罗伯茨合作？罗伯茨出道以来拍摄了许多影片，直
至1988年演了《现代灰姑娘》才受到好莱坞的注意，接着
出演《钢木兰》便获得奥斯卡女配角提名，1990年的《风
月俏佳人》更让她成为最抢眼的女星。她的阔嘴、乱发及
长腿也成为90年代美女的新注解。历经三度情变后，她于
90年代中期声誉下挫，直至1997年出演《我最好朋友的婚
礼》，再度成为首席女星。2001年以《永不妥协》获奥斯
卡影后，也为她2000万片酬的身价和荣誉画上等号……乔
治·阿玛尼看中了罗伯茨，就是因为她的荣誉和身价能够为

自己的品牌增添光彩。

所以说，选择明星做产品代言也好，设计产品也好，时机非常重要。例如1990年，罗伯茨在《风月俏佳人》中是风月中人，形象与品牌不配；90年代中期，她的私生活秘闻迭出，对品牌一点帮助也没有；获得奥斯卡影后之后，她的生活稳定了，成了母亲，自己都说"要是我每天不用离开自己的家那该多好"。这个时候的她，还会出现负面新闻吗？

不要小看了这款手镯的设计——

它是朱莉娅·罗伯茨设计的，就时尚，就艺术，就值得收藏。

它是为乔治·阿玛尼设计的，就是品牌，就是价值，就是纪念。

何况，此款手镯的销售收入，全部用于慈善事业。

链接

乔治·阿玛尼就设计风格而言，既不潮流亦非传统，而是二者之间很好的结合，其服装似乎很少与时髦两字有关。

"随意优雅"是阿玛尼自创建以来一直追寻的风格。细腻的质感和简洁的线条无不彰显出舒适、洒脱、奔放和自由的特性。看似不经意间的裁剪隐约透现出人体的美感与力度，既摒弃了束身套装的乏味，也倾覆了嬉皮风格的玩世不羁。乔治·阿玛尼认为，设计是表达自我感受和情绪的一种方式；是对至美追求的最佳阐释；是对舒适和奢侈、现实与理想的一种永恒挑战。时至今日，阿玛尼已不仅仅是印有黑底白字的时装，它代表了一种生活方式，一种奔放与活力的象征，将男性与女性的华丽、性感、恬逸与创造性演绎到极致。

乔治·阿玛尼认为自己的设计遵循三个黄金原则：

一是去掉任何不必要的东西；

二是注重舒适；

三是最华丽的东西实际上是最简单的。

这是乔治·阿玛尼对自己非常精准的评价。

美国时装设计师比尔·伯拉斯这样评价阿玛尼和他的服装："他的女装款式的设计，的确有独到之处，无懈可击。他是时代的天才。"

1975年，阿玛尼和加莱奥蒂创办了自己的公司——乔治·阿玛尼有限公司，并确立了阿玛尼商标，"乔治·阿玛尼"品牌正式诞生。当年7月，阿玛尼推出无线条无结构的男式夹克，在时装界掀起了一场革命。他的设计轻松自然，在看似不经意的剪裁下隐约凸显人体的美感。既扬弃了二十世纪六十年代紧束男性身躯的乏味套装，也不同于当时流行的嬉皮风格。3个月后，阿玛尼推出了一款松散的女式夹克，采用传统男装的布料，与男式夹克一样简单柔软，并透露着些许男性威严。此后，阿玛尼与法国时装大师保罗·波列和可可·香奈儿一样，对女装款式进行了前所未有的大胆颠覆，从而使阿玛尼时装成为高级职业女性的最爱。他的风格、美学和荣誉由此确立。

1980年，阿玛尼设计了男女"权力套装（power suit）"，"权力套装"成为了国际经济繁荣时代的一个象征。这种设计的灵感来自于黄金时期的好莱坞，特点是宽肩和大翻领。1980年，李察·基尔在《美国舞男》中，身着全套阿玛尼"权力套装"亮相。这部影片大获成功，阿玛尼品牌由此给许多观众留下了深刻印象。

此后，阿玛尼开始了与影视明星的长期合作，甚至设计了大量戏剧和舞蹈服装。1982年，阿玛尼成为自20世纪40年代克里斯汀·迪奥以来，又一个荣登《时代》杂志封面的时装设计师。

14. 亚马逊网上书店：信息时代的企业典范

1994年，而立之年的杰夫贝索斯想辞职。

对于一般人来说，辞职并不是件太难的事，到哪儿不是干哪，只要舒心愉快，有一个比较满意的薪水，人挪活嘛。

但贝索斯就不能不认真考虑了。

他是华尔街一个大公司的副总裁，掌管着5000亿美元的资产，真舍得放弃那常人难以获得的职位和薪水吗？

网络世界的神奇力量让他向上司递交了辞呈。

贝索斯来到西雅图——开什么网络企业呢？

他认真做了市场调研，列出想在网上销售的20种商品，然后挑选出其中销售力量最大的5种，并研究出它们的潜力顺序：图书、CD、录像带、电脑硬件、电脑软件。

这个排行榜对贝索斯的决策起了很重要的作用。既然图书最有潜力，那就应该做图书生意，可图书市场现状如何呢？

贝索斯全方位地调查图书市场，获得如下数据：

1.全球图书多达300多万种，仅已出版的英语图书就有

150万种，而传统书店只能卖新书；

2.图书是低价位的商品，也便于邮寄；

3.图书零售业有820亿美元的市场。

贝索斯眼睛亮了，他发现了一个足以吸引大量眼球的行当。

最让贝索斯惊喜的是，几乎每个商品市场都有零售巨头，而图书市场却没有。就拿最大的书店巴诺来说，它的市场占有率也只有11%。他兴奋地想，还等什么，马上就开网络书店，真正的书市霸主是他——贝索斯。

要做世界上最大的网络书店，需要的资金可不是个小数目。

钱从哪来呢？

贝索斯从朋友那儿筹集到100万美元，父亲把养老的30万美元也给了他，可缺口还很大。他想到了"卖股份换资金"的办法。贝索斯写了一份金光闪闪的公司发展计划，然后去找对新兴网络企业有兴趣的投资机构。他遭到了许多冷遇，但最后还是觅到了知音。

贝索斯打电话给KPCB投资公司的约翰·多尔：

"贵公司在网络界声望很好，我有一个很好的投资项目……"

"完全可以谈谈。"对方同意见面了。

第二天他们见面了，贝索斯极具煽动性地介绍了网络书店的前景。

"如果由我买下全部股权，"胆识过人的约翰·多尔笑着说，"也许我们会合作得更好。"

"完全可以谈的。"贝索斯喜出望外。

最后，约翰·多尔以800万美元买下了亚马逊网上书店15%的股权。

贝索斯又来到亨伯·温布莱德投资公司，见到了亨伯·温布莱德先生。他坦率地说：

"我必须首先告诉你，我对出版业一窍不通。可是我还要告诉你，我知道我能把书籍引进，我知道我能把书籍提供给顾客，让他们放弃传统的书店。我相信能做到这一点。"

亨伯·温布莱德欣赏地笑了："可以考虑……"

最终，贝索斯需要的庞大资金全部筹集到位。

踌躇满志的贝索斯对他的员工陈述经营战略："要有最多的品种选择，要有最实惠的价格，要有最便利的服务方式，还要有最快的服务速度。"

1995年7月，贝索斯创办的亚马逊网上书店正式开张了。贝索斯的战略落到了读者看得见的地方：

亚马逊网上书店一开业，提供的图书目录就有110万种之多，而美国最大的图书连锁书店巴诺只有17万种。

亚马逊网站上，每种商品上都标有"定价"、"非本公司特价"以及"您会省下多少钱"这样的字句。网上还有"货比三家"的服务，只要读者点击一下，就能看到所选择的书目在其他书店的价格。当然，总有人喜欢较真。美国《时代》周刊的一个编辑在办公室上网购买一本名为《冰山》的书，要16.8美元，邮费4美元；他又让一个朋友出去到巴诺书店购买同样的《冰山》，结果花了21.6美元……报刊这么一宣传，点击亚马逊网上书店的人越来越多。

不但要便宜，还要快。只要点击亚马逊书店的网页，人们就可看到最新的图书目录；再点击一下感兴趣的书名，该书的精彩摘要就呈现在眼前。读者选好书，只要输一下自己的账号、密码、住址，3秒后，想要的书就买下了。也许当天，也许第二天、第三天，书就会送到手上。只要在亚马逊书店买过一次书，再去买书时，亚马逊就会自动根据第一次的购书经历，分析出这个人可能喜欢的书籍属于哪一种类。

不但要快，还有好。1998年12月，贝索斯宣布让出一部分网页空间，让出版商做新书促销广告。互相利用网页空间做广告这是网络上常见的事，可是贝索斯的举动，却引来顾客的强烈不满，各种电子邮件带着顾客的不满和批评，疾风骤雨般地飞来。人们担心，一直坚持高标准的亚马逊会受到金钱的污染。

贝索斯震动了！

第二天，他马上宣布改正。同时，他向顾客宣布，将实行"所有新书不满意则退款"的政策。他向顾客保证："不管书籍是否被损坏了，甚至是个别读者故意撕破几页，或者你觉得内容不满意，都可以获得全额退款。"

这种独一无二的决策，这种独一无二的做法，不能说别人不能做——但只有贝索斯先说了，也做到了。

他对员工讲："在网络上，如果一个顾客觉得受到了冷落，那他告诉的就不会只是5个人，而会是5000人。"

经过艰苦的努力，贝索斯的亚马逊网上书店终于击败了美国最大的巴诺书店——它有着120多年历史和1000多家连锁店。而亚马逊网上书店的市值，达到了300亿美元，也远远超过美国最大的两个书店巴诺和博德斯书店的市值总和。

如今的贝索斯已经成为世界名人了，可他依旧穿着一身咔叽布衣服和一双咖啡色的橡胶底鞋子，奔进奔出忙得正欢。

他最得意的是他可以说了："30岁的时候，我没有失去那个大好时机，我没有后悔！"

评述

贝索斯的创业史是新经济的产物。

贝索斯融资的策略、融资的速度都展示了网络经济的特点。

贝索斯的一步跨越的是巨人的步伐。

他一年所创造的价值等于传统经济模式下的企业需要几十年的努力。

没有什么大惊小怪的，时代不同了。

那么分析一下贝索斯管理上的成功，倒是没有什么让人看不懂的东西。他所应用的技术仍然是传统的：服务顾客。

这一点，故事里说的太多了，重复没有意义。

但有一点应该清楚：亚马逊做的更快、更新、更周到、更细致——也就是更好。

都说"服务是金"，但"金"不是贴在墙上的口号，而是脚踏实地去干。

网络经济经过几年的沸沸扬扬、风风雨雨，从天上又回落到地上。泡沫没有了，留下的东西也更加纯了。

现在，虽然亚马逊也遭遇了暴风骤雨，但堤坝还是很牢固。

贝索斯的成功再一次证明，不论是什么企业，生存的唯一规条：全心全意为顾客服务。

链接

1994年4月的一天，30岁的杰夫贝索斯一觉醒来，发现：网络用户正以每年2300%的速度在增长。

贝索斯忍不住惊叫起来，一个念头在他的脑子里冒出来：有一天，我要建一个网上最大的企业。他想辞职，专门去开办网上企业。

真的要辞职，贝索斯就不能不认真考虑了。

1986年，贝索斯从普林斯顿大学电机系毕业，进了一家投资银行，负责电脑系统开发计划，仅仅两年，他被提升为公司最年轻的副总裁。1990年，他到华尔街另外一家顶尖级公司即SHAW公司担任保险基金经理人，又是只有两年，贝索斯成为该公司最年轻的副总裁。贝索斯意识到，一旦辞职，将如同从一艘航空母舰跳到一条小舢版上，随时会有被风浪吞没的危险。

贝索斯想到了母亲常提起的"笑话"。他3岁那年，突然觉得自己长大了，就提出换一张大人床，母亲当然没有同意。他走回自己房间里，拿出工具拆卸婴儿床，准备自己做一张大人床……

如今，贝索斯要辞职创办网络上最大的企业，既不是做大人床，也不是少年时组装玩具，那可是创造历史啊！

这年秋天，贝索斯终于向公司老板大卫·肖提出辞职。他在人们的嘲笑声中离开了许多人羡慕不已的华尔街。其实，贝索斯做出的最大决策就是：努力去做，努力去尝试，努力去创造自己想要的东西。

经过一年的筹备，1995年7月，贝索斯创办的亚马逊网上书店正式开张。

1997年5月，亚马逊股票以每股9美元的价格上市，到1998年11月，竟涨到209美元，足足涨了23倍。美国《财富》杂志说："贝索斯的财富可以买下整个冰岛，因为整个冰岛的国民生产总值也不及贝索斯。他还可以用剩下的钱买12架波音飞机。"

1999年12月，全球最大的互联网书店创始人、亚马逊网上书店的创始人、现任亚马逊首席执行官杰夫·贝索斯，"由于革命性地改变了全球消费者的购买方式"而登上美国《时代》周刊"本年度封面人物"。

15. 资生堂：融合东西方文化的美丽使者

资生堂（Shiseido）很容易让人联想到这是一家中国药店，实际上却是地地道道的日本企业——资生——取名源自中国《易经》中的"至哉坤元，万物资生，乃顺承天"。资生堂的涵义为孕育新生命，创造新价值。"至哉坤元，万物资生，乃顺承天"意为"赞美大地的美德，她哺育了新的生命，创造了新的价值"。有人评价，"资生堂"的名称，是将东方的美学及意识与西方的技术及商业实践相结合的先锋。

不错。

资生堂创立以来，始终将先进技术与传统理念相结合，用西方文化诠释含蓄的东方文化，不论产品名称、包装，还是品牌推广，都体现了浓郁的文化韵味。

1872年，福原有信在日本的文化潮流中心东京银座开设了西式药房——资生堂，这也是全日本第一家西式药房。据资生堂第三代传人福原义春在他的《我的多轨人生》一书中回忆说，"我家祖上是现在千叶县馆山市附近的乡士，世代行医。祖父年轻时只身闯江户（现东京地区），进入德川幕府的医学所后专心研习荷兰药学，后出任明治新政府的海军医院医药局局长"。后来，福原有信辞去军职开始经营药房，除了卖药，自己也研制药品。由于当时的制药素质参差不齐，普通大众多数以服用草药为主，福原有信却反其道而行之，引进西式的制药理念，并以严谨的专业研究为基础，使得资生堂成为日本药剂业的先驱。

1888年，福原有信研制了全日本的第一瓶牙膏。牙膏这一概念源自西方，如何能够让自己的产品带有东方的文化色彩？福原有信想到了在包装上大做文章。结果，就在牙膏瓶上印上了汉字和英文——结合着东西方文化的新产品诞生了。福原有信的这一创意受到了大众青睐，旋即取代了当时流行的洁牙粉，自此，资生堂名声大噪，为人们所熟悉。

1897年，资生堂创制出Eudermine（希腊文，是good和skin的意思）。这是一支突破性的美颜护肤化妆水——酒红色的化妆水，资生堂从此正式进入化妆品领域。当时，有些人认为资生堂有点"不务正业"，也有人却为这种"不务正业"叫好——因为资生堂是发布最新时尚的"消息树"。这让福原有信甚感欣慰，信心大增。资生堂除了销售一些高素质的药物外，更是同时研制出高品质的美容用品，并配合一系列的宣传手段。这样一来，那些爱美的女性倒成了资生堂的常客。这让福原有信陷入沉思：资生堂是继续卖药，还是双管齐下，卖药的同时兼顾护肤品。思来想去，他决定把全部精力倾注在化妆品生意上。这一年，他参加了在巴黎举办的万国博览会，眼界大开。几年后，他派儿子福原信三先赴美国学习医药专业，再赴巴黎游历一年。在此期间，福原有信确定了资生堂的经营理念：品质、分享、尊重、稳定和真诚，力求让产品说明一切。

福原信三回国后，带回了更先进的理念和创想。福原有信逐步隐退了。其后的20年，资生堂开始了子承父业的时代——从产品到形象都产生了根本的变化，使得资生堂的形象既有东方格调，又有西方尊贵的气派。

1916年，福原信三在公司设立了设计部门，负责产品的包装和宣传。他们以富有独特装饰艺术风格的字母来设定"资生堂"名字的外貌，并以山茶花作为公司标志，再加上富有阿拉伯色彩的花叶阔形来装饰产品瓶身。资生堂的品牌形象，自此有了雏形。时至今日，虽然山茶花和阿拉伯图纹已不复存在，资生堂的字体亦曾两度修改，但"Shiseido"字样亦与当年的非常相似。

1918—1921年，资生堂从本土的菊花、紫藤、洋李和夜来香等花卉中获得灵感，开发了第一款香水。1957年，资生堂放开眼界，开发国外市场，几年之后，第一批出口香水漂洋过海销往美国，20年后，又打入欧洲市场。

资生堂极为重视将艺术和技术融合在产品之中。1960年，资生堂建立了设计室，由许多著名艺术家组成。资生堂还是芳香学的先锋，香料的属性、效果和作用，特别是其安定和提神的作用是芳香学的研究重点之一，比如能散发出香味的芳香时钟，可以在唤醒人们的时候令人感到轻松愉悦；还有专门在工厂里用的香水，可以缓解工人的压力。1965年推出的"禅"香水，香气淡雅，其主要特质是以竹香、紫罗兰、鸢尾花、丁香花、茉莉花以及玫瑰表现宁静和自然的特质。"禅"瓶上和包装盒上精致细腻的金色花叶非常经典，灵感来自于16世纪的京都神庙。"禅"香水受到禅的启示，充满浓郁的东方文化色彩，追求一种心灵和肢体上的完全放松，给人引发心灵平静的感觉，并能达到减压效果。

资生堂在这方面的研究成绩卓越。

1997年，资生堂又推出"放松"香水。这款香水的特别之处就在于，它由多种东方鲜花、香草、香料提炼而成，在给予人们一种融于大自然的感觉的同时，也平滑、滋润着人的肌肤。"放松"强调了香水中的馨香调，这是超越于芬芳之外的幽香，资生堂希望借此提供给使用者"一个闲适的世界和新奇的感觉"。面对现代生活所带来的紧张和压力，或许真的只有"放松"香水才能使你放松、舒缓、释放自己……

可以说，资生堂的历史，是一段美的历史。

资生堂在品牌推广上，也分外注重文化的"审美推广"。1937年，资生堂就建立了以其标识为名的"山茶花俱乐部"，通过连锁店网络发行一本名叫《山茶花》的文化时尚刊物，不仅请来著名的文学家撰稿发表时评和散文，还介绍国内外最新的时尚潮流、旅游信息和艺术动态。现在，山茶花俱乐部已经有900万会员，而《山茶花》杂志现在还在发行。

对于美学的一贯坚持，是资生堂广告的鲜明特点。在其早期的平面广告作品中，大量插画和素描手法的运用，把日本女性的柔美风姿和迷离情调表现得淋漓尽致，使得产品和品牌的形象独具韵味。

1980年，资生堂决定向法国挺进。为此，资生堂将曾负责克里斯汀·迪奥的创意设计的法国著名设计师Serge Lutens招致麾下，担任广告创意及制作工作。Serge Lutens以其追求极致的唯美主义，及表现欧洲古典、豪华景致的诗化风格为世界带来莫大的冲击。于是，在唯美主义的设计理念上，Serge Lutens与资生堂融为一体——创作的系列资生堂广告作品中，女性所散发出的鬼魅般的魔力，令人叹为观止。那色彩前卫、那光影细腻、那表现标新、那西化外表下以及画面深处游走的东方灵魂，超越了时空。Serge Lutens为资生堂在国际上奠立了时尚的形象及超凡的声誉，也为其打开了国际市场的大门。

到了20世纪90年代，资生堂推出了"装饰人类的科学"的企业理念，明确展现出了其致力于提升生活品质的企业特质及追求美学、健康和幸福的一贯理念。

历经一百多年的沧桑与风雨，资生堂仍旧坚持着追求至真、至善、至美的品牌理念，其发展历程正是东西方文化的兼收并蓄的美的历程，更是它美丽着这个世界的历程。

评述

纵观资生堂的发展，可以简单概括为四个成功。

一、资生堂的成功，是企业价值观的成功。资生堂是艺术与技术的融合，其百余年历史，就是追求品位、建立起引领潮流的创新精神的过程。

二、资生堂的成功，是品牌形象的成功。1923年，资生堂逐步开展连锁经营模式，与此同时加强了宣传，品牌形象也同时变得更加鲜明。据生理学家调查显示，在人们接受的外界信息中，83%以上是通过眼睛，11%要借助听觉，3.5%依赖触觉，其余的则源于味觉和嗅觉。一个品牌拥有好的视觉符号，它的成功已经完成了一半。资生堂深谙此道，其品牌形象、广告宣传，极具艺术感，强化了对人的视觉冲击——美的冲击。

三、资生堂的成功，是品牌维护的成功。资生堂十分注重品牌的维护，如果一种产品要打入新的市场，这种产品在新市场中的固定消费群稳定在一定份额以上，才会在产品上印上资生堂商标；资生堂从不单独参加任何商场举行的打折、积分等活动，促销活动必须由总部统一安排执行；在产品的定价上，制定严格规范的零售价格体系。这样，就保证了资生堂的高品位。

四、资生堂的成功，是不断追求卓越的成功。如今，"一生之美，一瞬之美"成为资生堂的新宗旨。这句话包含了"发现新的更深层的价值，创造美丽的文化生活"这一企业理念，并向社会宣布要把资生堂建设成为能够满足人们"希望美丽地生活下去"这一愿望的企业。本着这一宗旨，资生堂已经从2005年起，历时3年，实施"满足顾客的营销改革"，除经济方面外，还在推进"男女共同参与到对社会的贡献活动之中"、"努力保证化妆品的安全性和品质"、"实现企业经营的透明度及公正性"等企业人文性、社会性和文化性方面采取了措施，逐步把资生堂的魅力和价值观展示给全社会。

链 接

资生堂的企业理念

企业使命

我们旨在寻求新的、更为丰富的价值源泉，并利用它们给我们服务对象的生活与文化增添更多的美。

行为准则

1.我们努力为我们的客户带来欢乐。

2.我们追求结果，而不注重形式。

3.我们坦诚相待。

4.我们赋予思想以自由的空间并勇于挑战传统观念。

5.我们满怀感激，勤奋。

16. 阿迪达斯：将名字写在世界
冠军的身上

　　二十世纪初，阿尔弗雷德·达斯出生于德国巴伐利亚州的一个小镇的制鞋匠家庭。阿尔弗雷德聪明伶俐，家人都爱叫他"阿迪"。阿迪有个哥哥，叫鲁道夫·达斯。

　　老鼠的儿子会盗洞。

　　1920年，阿迪与哥哥一起办起了一家"达斯制鞋厂"。

　　1936，德国举行奥运会，阿迪了解到美国著名田径运动员杰西·欧文斯非常有希望夺得短跑金牌。他找到这位名将，直言不讳："我们的鞋会让你跑得更快。"

　　奥运会上，杰西·欧文斯穿着达斯运动鞋赢得了4枚金牌。从此，兄弟俩的制鞋事业开始了飞速前进。

　　但前进的脚步被崴了。

　　1949年，兄弟俩闹翻了。

　　分家吧。

　　鲁道夫带着一半工具设备，离开阿迪，到城市另一边建立了彪马制鞋公司。

　　阿迪在现有企业基础上建立了阿迪达斯公司（"阿迪达斯"源于他的教名的爱称和他的姓氏中的前3个字母）。

兄弟俩你追我赶的——彪马公司还是没有赶上阿迪达斯公司。

阿迪是一个营销专家。他独立经营阿迪达斯公司之后，采取了一系列发展策略，如向银行贷款以更新设备；以运动鞋为重点并实施产品的系列化拓展，发展运动服装与用品的经营业务。

阿迪最独特的经营战略是以赛场做"广告场"：在冠军们的身上写下"阿迪达斯"。

这可能吗？

阿迪斩钉截铁地说："最关键的是我们要立即行动……什么都是可能的。"

在一次重大的足球比赛时，前苏联队主力中锋奥列格·布洛辛说自己的"阿迪达斯"不太合脚。在场的阿迪达斯代表立即动手把布洛辛的脚样描了下来，马上乘飞机飞回工厂，迅速赶制了一双球鞋。布洛辛试穿后非常满意。"阿迪达斯"的良好服务很快传为佳话。

但是，还是有许多管理人员害怕"万一"。

"在冠军们的身上写下'阿迪达斯'也是有风险的，一旦出现意外，不堪设想……"

担心真的被言中了。

1948年，在伦敦举行的第十四届奥运会的马拉松决赛中，比利时选手阿尔贝·斯巴克出发不久，就遥遥领先，看这架势，冠军非他莫属了。场外阿迪达斯的人比阿尔贝·斯巴克还高兴，因为一步一步接近冠军的鞋——属于阿迪达斯的。哈哈，冠军也是属于阿迪达斯的。

"不好！"

突然，有人惊叫一声，因为阿尔贝·斯巴克的运动鞋竟然断裂了，他已经跑了一多半了。斯巴克走到路边，痛苦地摇着头，他简直不相信发生的事情，他狠狠地将运动鞋摔到地上，眼看着别人从他身边跑过去。

斯巴克痛失金牌。

这一"丑闻"马上在世界上传播开来。

阿迪达斯产品严重滞销。

这个时候，阿迪坚定地对员工们说："我们必须承认，斯巴克没有获得冠军是我们的错。但我们的策略没有错。我们还要让更多的运动员穿上阿迪达斯。"

阿迪的营销理念有一个重要原则是"诚实无欺"。这不但有助于阿迪达斯树立无懈可击的社会形象，也帮助公司在发展道路上克服了种种艰难险阻。阿迪如是说：如果其他方法都投有用，不妨试试"诚实"吧。

阿迪果断地采取了一系列措施，挽回影响：向经销商赔偿经济损失；狠抓了内部管理的整顿；严把质量检验关；从技术研究、产品设计入手，提高产品质量；请世界冠军们谈穿用阿迪达斯的体会，宣扬阿迪达斯产品的完美形象，等等。

阿迪召开管理层大会，他严肃地说："总公司和各地分公司的经理和副经理必须定期拜访客户，听取顾客的意见。要开通客户投诉电话，各主管经理和责任人员在投诉客户出门上班之前，一定要上门解决问题——在这个问题上，我们要比运动员跑的还有快。"

1948年的"斯巴克事件"，没有阻挡阿迪的"在世界冠军身上写下阿迪达斯"的前进步伐。

阿迪达斯每开发一种新产品，总要邀请世界体育明星、教练员和医学、生物学、力学专家来献计献策，征求他们对新产品的意见。对那些直言不讳或提供有参考价值意见的人，则给予重奖。产品最后定型和成批投产前，技术人员还要亲自带着试制的新产品去运动场，让运动员试用后提出改进意见。

1954年，世界杯足球赛在瑞士举行。赛前，阿迪亲自带领调研人员深入运动员与教练员中间听取意见和要求，然后研制出可以根据场地情况而更换鞋底的足球鞋。决赛时，体育场一片泥泞，匈牙利队员在场上踉踉跄跄，反观穿阿迪达斯足球鞋的联邦德国队队员却健步如飞，并首次登上世界冠军宝座。

对于世界体坛明星、体育团体，阿迪不仅以产品相送，而且还赠以数目可观的奖金，如"足球皇帝"贝肯鲍尔和鲁梅尼格，世界拳王阿里、网球名将兰顿、伦德尔、格拉夫等，以及他们所在的体育协会、俱乐部，乃至运动会组委会，都是阿迪的赞助与馈赠对象。

阿迪认为，赞助体育明星和体育比赛对双方都有好处："企业需要体育事业，体育事业也需要企业。"他认为，如果没有企业界的赞助，奥运会和世界杯足球赛的顺利举行将是不可能的。

"在世界冠军身上写下'阿迪达斯'"的经营要诀，使得阿迪达斯迅速兴旺发达，远远地甩下了强劲的竞争对手。

1976年在加拿大的蒙特利尔奥运会上，147枚金牌中有126枚落到穿用阿迪达斯产品的运动员手里。

1982年的西班牙世界杯足球赛上，在参加决赛阶段比

阿迪坚定地对员工们说：『我们必须承认，斯巴克没有获得冠军是我们的错。但我们的策略没有错。我们还要让更多的运动员穿上阿迪达斯。』

赛的24支队伍中，有13支球队穿着阿迪达斯的运动服，8支球队穿的是阿迪达斯运动鞋。

1985年的世界冰球比赛中，全体参赛队员全部穿用阿迪达斯的产品。

不断推出高质量的新产品，是实施"在世界冠军身上写下阿迪达斯"经营战略一条重要措施。

阿迪发现：足球鞋的重量与运动员的体力消耗关系极大，而半个世纪以来，足球鞋的重量减轻极小，主要原因是保留了鞋头的金属鞋尖。这种鞋尖的主要作用是保护运动员的脚在用力踢球时不受伤害。经过反复研究与试验证明：在每场比赛中，即使是最积极拼抢的前锋，脚接触球的时间也只有4分钟；去掉鞋尖后所减轻的重量导致大大减少体力消耗，而伤害脚的可能性极小。因此，阿迪果断地去掉金属鞋尖，设计出比原来轻一半的新型足球鞋，投放市场后，争购如潮……

阿迪在赫若哥拉赫专门建有一座世界上独一无二的"运动鞋博物馆"。这里整齐地陈列着几百双阿迪达斯的各种规格的运动鞋，每一双鞋都有其不同寻常的经历，其中包括欧文斯参加1936年奥运会用的钉鞋，拳王阿里的高筒拳击鞋……博物馆吸引了无数世界级运动员及体育官员前往参观。阿迪不仅为这些参观人员提供专门的高级"运动客栈"，供他们下榻，而且还免费招待他们——为的是在他们身上写下"阿迪达斯"。

评述

设问一下：

"如果哥俩不分家，那会怎么样呢？"

相信许多人都会说："不怎样。"

看来，分家是必然的。

只是人家哥俩有先见之明，早早闹翻，另起炉灶。

分道扬镳的结果，阿迪达斯和彪马都成为世界名牌了。

所以，夫妻店也好，兄弟厂也罢，到了羽毛丰满、长硬了，一定各自选择自己的天空。因为思路不能统一，必然造成行动的掣肘，到了伤筋动骨的程度再想到各自的锅碗瓢盆，摆平的力气都没有了。

庆幸阿迪和他的哥哥闹翻了……后来的阿迪达斯能够在运动场上风光，来自三方面。

一是成功的经营战略。不论什么时候，都坚持"在世界冠军身上写下阿迪达斯"，并成为企业的追求目标。这就像小伙子追姑娘，看好了，穷追猛打，下跪都行，只要能把戒指戴到那纤纤玉指上。

二是创新。常常在别人"熟视无睹"的地方和时间里，眼睛特别的贼，发现了可下手的机会，出手果断。

三是营销的"诚实无欺"。即使面对"丑闻"，也不粉饰，抱着诚信的态度，取得大家的谅解。老实人就是惹人疼啊！

17. 耐克：后来居上

20世纪70年代初期，阿迪达斯公司在跑鞋制造业遥遥领先。

阿迪达斯做一个领跑者的时间已经很长了。

此时，正值跑鞋需求量大幅度增加的前夕。随后几年间，准备从事跑步或散步活动的成千上万的人，以及不参加跑步锻炼的数百万人，都开始穿用跑鞋。因为跑鞋不仅穿着舒适，而且还是健康而年轻的象征——这是大多数人向往的形象。

整个70年代的10年中，参加散步的人数不断增加。据估计，70年代末，仅是美国，就有2500万人到3000万人坚持散步，还有1000万人在家、上街都穿跑鞋。与此同时，全球知名的制鞋商的数量也增加了。原先只有阿迪达斯、彪马等几家公司，加盟者有美国的耐克、布鲁克、新巴兰斯等六七家公司。为推销这些制造商制作的鞋，在美国，像"运动员鞋店"、"雅典运动员鞋店"和"金尼鞋店"等雨后春笋般遍布全国。迎合这个市场的各种杂志也迅速问世，发行量不断上升，如《跑步者的世界》、《跑步者》

和《跑步时代》，它们专门给跑步者提供有关信息。

在上面的制鞋公司当中，猛地冒出一个阿迪达斯的强劲对手。

谁？

菲尔·耐克是一位1英里赛跑的运动员，但技术平庸，最好成绩是4分13秒，与世界级运动员（成绩为4分钟）差远了。50年代末，他师从俄勒冈大学著名教练比尔·鲍尔曼——鲍尔曼在那个年代，可是一位年复一年地获得破世界纪录的长跑冠军，他一个人使得俄勒冈州尤金市名扬于世。可以，就是他的学生不争气。耐克也看出了自己不是块做运动员的料，但他觉得自己做运动鞋挺有天赋。他在斯坦福大学攻读工商管理硕士期间，就写了一篇论文，指出日本人能够以他们制造照相机的方式制造运动鞋。1960年获学位后，他前往日本，到奥尼楚卡公司申请在美国销售泰格尔跑鞋的资格。回到美国后，他把该公司制作的跑鞋样品带给了鲍尔曼。1964年，耐克和鲍尔曼每人拿出500美元，组成布卢里帮制鞋公司，为泰格尔跑鞋生产鞋底。他们把成品放在耐克岳父家的地窖里，头一年他们销售了价值8000美元的进口鞋。

这个时候，远在德国的阿迪达斯在制鞋业已是如日中天。

1972年，耐克和鲍尔曼终于发明出一种新式运动跑鞋，并决定自己制造。他们把制作任务承包给劳动力廉价的亚洲工厂，给这种鞋取名叫"耐克"，真正的耐克公司出现了。

"耐克"是依照希腊胜利之神的名字而取的。同时他们还发明出一种独特标志Swoosh（意为"嗖的一声"），它极为醒目、独特，每件耐克公司制品上都有这种标记。

1972年，俄勒冈州尤金市举行奥运会预选赛，耐克鞋在竞赛中首次亮相。耐克"向阿迪达斯同志学习"，说服几名马拉松运动员试穿新鞋，成绩还不错，从第4到第7名都是穿的耐克鞋，而穿阿迪达斯鞋的运动员则获得前三名。

不比不知道，一比吓一跳。

耐克希望自己跳得更高一点，更远一点。

为了追赶阿迪达斯，耐克开始向对手全心全意地学习，在营销手段上"瞄准运动员"，努力与那些有前途的、有影响的运动员建立长期、密切的关系，经常征求他们的意见，设计出受他们欢迎的运动鞋，再免费送给他们穿——应该说，还有巨额的广告费。1981年，耐克公司支付的广告费达到1800万美元，而到了90年代初上升到亿元，"飞人"乔丹一个人的广告费每年就达几百万美元。

耐克还决定，参加奥运会的所有运动员，凡穿着耐克鞋夺得金牌的，奖给3万美金。

耐克知道自己在运动员用品市场上可以学习阿迪达斯，但很难超过。他们在"瞄准运动员"的同时，又"服务大众"，开拓新市场：休闲运动鞋以及服装市场。

这一回，耐克从狭窄的专业跑鞋的跑道中腾挪出来，抢在阿迪达斯之前，率先冲向一个更广阔的赛场。

战略正确，实施坚决，耐克一点点地在新的行业中开始"领跑"。

到70年代末和80年代初，市场对耐克的需求已十分巨大，以至它的8000个百货商店、体育用品商店和鞋店经销人中的60%都提前订货,并常常为货物到手等待半年之久。这给耐克的生产计划和存货费用计划的完成提供了极大的方便。根据耐克销售额增长的情况统计,其销售额在1976年为1400万美元,仅半年后便上升到69400万美元。通过1979年初美国市场的占有情况统计,耐克的市场份额为33%,成为老大。两年之后,它更遥遥领先,其市场份额已达50%。

1982年1月4日出版的《福布斯》中,"美国产业年度报告"把耐克评为过去5年中赢利最多的公司,位居全行业之首。

时至今日。

耐克依然跑得——嗖嗖的。

因为追赶者在后面——也是嗖嗖的。

评述

超越的起点是学习。

耐克的第一步就是向阿迪达斯看齐,并将对手的看家本领学到了家。耐克"同著名运动员建立密切关系"没有引起阿迪达斯的留意,这一招毕竟是自己首创。直到耐克将乔丹网罗"门下",阿迪达斯才感受到来自"飞人"的巨大影响以及对自己的威胁。

阿迪达斯当然要回击。

阿迪达斯不断向系列化、多样化发展,把眼光继续紧紧地盯在运动员身上。

这个时候,耐克已经从效仿"转型"到了超越。

耐克将市场触角伸向了休闲运动鞋与服装上。也就是说，在与对手争夺蛋糕的同时，又腾挪出一只手，做大了另一块蛋糕。

包括阿迪达斯，以及许多在篮球鞋市场、网球鞋市场上举足轻重的康弗斯公司、尤尼罗亚尔·克茨公司等，都对消费群的不断扩展以及市场容量的不断增长抱怀疑态度。结果，眼睁睁地瞧着一个巨大的身影"嗖"的一声跑到前面。

可以说，在70—80年代席卷全球的"跑步热"和"慢跑热"的时刻，耐克赢在了对市场机会的准确判断和迅速起跑，当对手缓过神来，耐克已经在前面很远的地方了。不要总想着与对手争夺蛋糕。在盘子的空处，可能就有更大的蛋糕。不论多么大的蛋糕，总是越吃越少。天下没有一个蛋糕是提供给一个人独享的，哪怕是你自己做出来——别人不吃，也有蚂蚁盯着，当然还有耗子和苍蝇。

18．宝马的一次"病毒式营销"

2001年4月25日。夜。

一条黑漆漆的高速公路上，一辆宝马飞驰过来，司机冷静地驾驶着。这时，一辆商务用车慢慢尾随上来，当两车并行时，那辆车的车门滑开了，一个戴面具的杀手掏出手枪，指点着司机的头，让他交出后排的乘客——一个看起来很无辜的人——他们指责他走私钻石。乘客吓得筛糠了。司机冷静地判断着，一边开车，一边与杀手对话，心里做着盘算。突然，他猛地加速，车嗖地驶离枪口。与此同时，枪声大作。一场追杀大战在夜色的公路上展开了。司机驾驶宝马飞驰，在1秒钟内从90码加速到140码。

风驰电掣！

最后，经过一番追逐、埋伏、引诱，司机将追杀的车"引导"向路上停靠的推土机——轰响之后，火光冲天。

翌日，司机悠然自得地驾驶宝马将乘客送到目的的，当然获得了一笔不菲的酬劳。

当然，宝马也是伤痕累累。

这不是电影。

这是电影广告。

但你完全可以把它当作电影来欣赏。

2001年，宝马（BMW）北美公司不惜重金，集结了八位世界顶级电影导演，每人分别用八个不同主题，拍摄长度约6—8分钟的超炫的电影广告短片。4月25日，宝马公司隆重推出了第一集。前面看到的就是《雇佣》（《Ambush》），由鼎鼎大名的好莱坞资深导演约翰·弗兰肯海默完成——他执导的影片包括《人魔岛》和《驯鹿游戏》。他是一个真正把汽车当成汽车来拍摄的人。片中司机的扮演者由温文尔雅的英国男演员克莱夫·欧文担纲。他曾参演《谍影重重》。他驾驶着最新的740i型宝马车与追击者在公路上展开了一场轰轰烈烈的汽车拉锯战。

宝马真是下了血本了。另七位大导演分别是：《卧虎藏龙》导演李安的"Chosen"、《花样年华》导演王家卫的"The Follow"、《偷拐抢骗》导演盖瑞奇的"Star"、《爱情像母狗》的墨西哥导演伊纳瑞特的"Powder Keg"、《变脸》导演吴宇森的"Hostage"、《碟中谍3》导演乔·卡纳汉的"Ticker"、《红色风暴》导演托尼·斯科特的"Beat the devil"。其中一集，麦当娜还客串了一把。

宝马8集电影广告短片，邀请了三位中国大导演。

吴宇森导演的《Hostage》被影迷认为最棒。它以闪耀着金属光泽的子弹开场，看似悠闲，实则充满了张力。吴宇森圆满地表现了宝马汽车的品质，尤其是宝马从撞栏杆到急刹车，停在桥架边缘的镜头，惊心动魄。最后车轮飞滚的镜头，车轮中央转动着宝马标志，完美地表现了宝马的性能。

李安执导的第2集《Chosen》讲述小活佛刚抵达纽约，随即遭遇坏人追捕，最后由司机驾驶最新系列BMW540i载他逃亡。片中有多场飞车追逐戏，气氛紧张，是李安的一部较具速度感的片子。这部片子从音乐到风格都具有东方韵味。在码头边上，汽车间的"周旋"，很有点八卦太极的味道；而在集装箱停靠地的往来穿梭、埋伏，也充满了机智和谐趣；后面的"顶车"，着实表现了宝马良好的动力。说明一点，片中饰演小活佛的，是李安8岁的小儿子。

王家卫导演的《The Follow》，更像文艺片：音乐，午夜，繁星，半圆的月亮，营造了散淡的忧伤。画面时而华美，时而浮光流影，精致而又漫不经心。再看那男人与女人，沉静与优雅，洒脱与从容，步履沉稳对着衣衫轻扬。也许，只有宝马能承载这样的愁绪。再听那低徊在画外的内心独白：

　　　　你改变你的距离

　　　　待在车后方，车右方

　　　　一直不被她落下

　　　　这全靠耐心，几率和时间选择

　　　　如果跟的太贴近，

　　　　就要驶到一个他们看不到的盲点位置

　　　　如果失去了目标

　　　　就继续行驶

　　　　往好处想

在外面

距离只是个主观想法

你可以让目标走的离你很远

只要你知道他们开车的习惯

等待的过程很难熬

你的思绪乱走

好像从很远的地方

观察自己的生活

走路是一样的：步伐，姿势，预期

如果目标转过身来

千万别有反应

无论你做什么

都别靠的太近

千万别望目标人物的眼睛

路的尽头总有东西等着你

你一开始就不应该走上那条路

如果你不想看是什么

　　这8集短片，还突破了传统汽车的"完美"广告模式：除了各种强调性能的飞车画面外，不乏宝马被子弹贯穿或撞击的画面。

　　宝马北美公司副总裁吉姆·麦克道尔这样表示："我们

要让这些车子在影片中，看起来是非常具有娱乐效果的角色，我们不能老是局限在这些车子是永远不会被子弹击中、不会沾上灰尘泥土、或是被撞出凹痕等理念上。"

真实的宝马。

功夫不负宝马。

广告效果相当显著：当时，这些短片吸引了近6000万网民观看，每天进入宝马官方网站下载影片的流量达到8万人次。至今下载人数已过亿。观看的人更是无法统计。

其实，宝马拍摄短片广告的目的是想唤起人们对宝马这一品牌的向往之情，至于直接向顾客推销产品则是第二位的东西。吉姆·麦克道尔说："我们想尝试一些新的不同的东西，即使不成功也算是有所付出。但我想，这些电影短片正是人们真正想看的。"

实践看，宝马这8集广告确实达到了预期效果，不但稳固了宝马高性能、高档的品牌形象，还因为影片的情节和演员出色的演绎，获得了更加广泛的文化意义。

评述

宝马的电影广告短片，被誉为"病毒式营销"的先锋。

"病毒式营销"借助于网络，通过网络短片、网络活动或是电子邮件等信息方式在全球网络社群发动营销活动，通过网络用户的口碑宣传和主动传播，信息像"病毒"一样传播和扩散，利用快速复制的方式传向数以百万计的受众。它的本质就是让人们彼此间主动谈论品牌，这种与品牌之间有趣、不可预测的体验，往往显示出强大的影响力。

与传统营销模式相比，病毒式营销更加主动，利用了传播有效的人际传播，有针对性，有互动效果，因而传播面广。

那么，为什么是宝马美国公司"创造"了"病毒式营销"这个概念？

宝马美国公司的管理人员是善于思考的。品牌传播的学问书本上都有，关键是创造性的发挥。宝马美国公司发现，越来越多的车主在购车前，都会习惯上网查阅相关资讯，而购买宝马的消费者多数只看付费电视，付费电视是没有广告的。再有，传统的汽车广告效果的下降……

怎么办？

于是，宝马就成为了汽车行业"病毒营销"的"始作俑者"。

由于宝马的创意颇为新潮，广告界人士对其的创举赞不绝口，认为宝马的这种广告形式明白无误地证明了这样一个事实：尽管网络广告与销售的直接联系目前尚无法衡量，但它对树立品牌确实行之有效，尤其是网络电影广告，它完全不像以往网络广告中几个条幅加上链接，最多也就是几个动画，而是本着一种全局的眼光、以吸引观众对产品的注意、树立品牌的形象为宗旨。今后，人们花在网上的时间会越来越多，而有消费需求的人也会通过网络进行广泛地咨询和考察。广告分析人士由此推断，宝马的电影广告给网络广告市场指引了一条新路。

从理论上分析，美国电子商务顾问Ralph F. Wilson博士将一个有效的病毒式营销战略的基本要素归纳为6个方面：

1.提供有价值的产品或服务；

2.提供无须费力就可以向他人传递信息的方式；

3.信息传递范围很容易从小向大的规模扩散；

4.利用公共的积极性和行为；

5.利用现有的通信网络；

6.利用别人的资源进行信息传播。

当然，病毒式营销并不是随便可以做好的，需要遵照一定的步骤和流程。有人总结了成功实施病毒式营销需要的5个步骤：

1.病毒式营销方案的整体规划和设计；

2.病毒式营销需要独特的创意，病毒式营销之所以吸引人之处就在于其创新性；

3.对网络营销信息源和信息传播渠道进行合理的设计，以便利用有效的通信网络进行信息传播；

4.对病毒式营销的原始信息在易于传播的小范围内进行发布和推广；

5.对病毒式的效果进行跟踪和管理。

因此说，尝试"病毒式营销"也不是轻而易举的事情。

是啊，天上除了下雨、下雪、下冰雹，从来就没掉下过馅饼。

链接

宝马（BMW）的前身是一家飞机制造工厂，成立于1916年3月7日，最初以制造流线型的双翼侦察机闻名于世。这家公司的名字叫BFW（Bayerische FlugZeug-Worke），即"巴伐利亚飞机制造厂"。公司始创人是吉斯坦·奥托（Gustan Otto），其父是鼎鼎大名的四冲程内燃机的发明家。1918年8月正式命名为宝马汽车股份公司，总部设在德国慕尼黑。

宝马是世界上以生产豪华汽车、摩托车和高性能发动机闻名的汽车公司，名列世界汽车公司前20名。汽车年产量在50万辆左右，摩托车年产量3万辆左右。

宝马汽车加速性能和高速性能在世界汽车界数一数二，是各国警方的警车首选。宝马的摩托车在国际市场上最为昂贵，甚至超过了豪华汽车，售价高达3万美元左右。由于宝马产品以赛车风格设计，因而在世界赛车活动中宝马汽车经常大出风头。

宝马标志中间的蓝白相间图案，代表蓝天、白云和旋转不停的螺旋桨，喻示宝马渊源悠久的历史，象征该公司过去在航空发动机技术方面的领先地位，又象征公司一贯的宗旨和目标：在广阔的时空中，以先进的精湛技术、最新的观念，满足顾客的最大愿望，反映了宝马蓬勃向上的气势和日新月异的新面貌。蓝白标记对称图形，同时也是公司所在地巴伐利亚州的州徽。

19. 微笑比5100万美元更值钱

　　1887年的圣诞之夜,康拉德·希尔顿出生在美国新墨西哥州的圣·安东尼奥的一个挪威移民的家庭。希尔顿上中学的时候,每当放暑假便到父亲的小杂货店里帮忙,他对做生意、接待顾客特别感兴趣。他从新墨西哥州矿冶学院毕业后,父亲把小店交给了他。希尔顿把小店经营得红红火火。

　　1919年1月,希尔顿的父亲遭遇车祸去世。他安葬父亲,安慰母亲,处理掉小店,决心干点大事。

　　母亲鼓励他离开小镇,到大地方去闯世界:"必须到水深的地方,才能行大船。"

　　希尔顿怀揣5000美元,只身来到了得克萨斯州,他做了一项投资,果断地买下了他的第一家旅馆——梅比莱旅馆。

　　他苦心经营。

　　很快,他的旅馆资产达到了5100万美元。他欣喜而自豪地将这个成绩告诉了母亲。

　　希尔顿的母亲听完后,淡然地说:"照我看,你跟从前没什么两样，不同的是你已把领带弄脏了一些而已。要想成大事，你必须把握住比5100万美元更值钱的东西。"

"那是什么？"

"除了对顾客诚实以外，还要想方设法让每一个住进你的旅馆的人住了还想再来住。你要想出一种简单、容易、不花本钱而行之长久的办法吸引顾客。这样你的旅馆才有前途。"

母亲的话很简单，却让希尔顿苦苦思量。

究竟有什么办法让顾客住了还想再来住？

简单、容易、不花本钱而行之长久的法宝应该具备什么样的条件？

希尔顿终于想出来了：这就是微笑。

只有微笑才能发挥如此大的影响力。

这一天，希尔顿上班后的第一项工作，便是把手下的所有员工找来，向他们灌输自己的经营理念："微笑——记住喽。我今后检查你们工作的唯一标准是，你今天对客人微笑了吗？"

希尔顿又对旅馆进行了一番装修改造，增加了旅客的接待能力。依靠"你今天对客人微笑了吗"的座右铭，梅比莱旅馆很快便红火起来。

希尔顿又萌发了新的创业冲动：要建造一座拥有"一流设施"的以他自己名字命名的大饭店：希尔顿饭店。

1925年8月4日，"达拉斯希尔顿饭店"竣工。

"一流设施，一流微笑"使得希尔顿的创业之路越走越宽。

1929年，艾尔帕索希尔顿饭店完工。就在这时，美国历史上规模较大的一次经济危机爆发了。很快，美国全国的旅馆酒店业有80%倒闭，希尔顿旅馆集团也深陷困境。

如何战胜危机，渡过难关？

"微笑还管用吗?"有人问。

希尔顿仍然依靠"你今天对客人微笑了吗"的座右铭。他信心坚定地奔赴各地，鼓舞员工振作精神，共渡难关，即使是借债度日，也要坚持以"一流微笑"来服务旅客、赢得旅客。他不厌其烦地向员工们郑重呼吁：万万不可把心中的愁云摆在脸上。无论面对何种困难。"希尔顿"服务员脸上的微笑永远属于旅客!

希尔顿的座右铭变成了每一个希尔顿人的座右铭。

希尔顿饭店服务人员始终以其永恒美好的一流微笑，感动着四面八方的宾客。希尔顿顺利地渡过了危机，逐步进入黄金时期。他很快又买下了艾尔帕索的"北山旅馆"和朗浮城的葛莱格旅馆，并添置了许多一流设施。

希尔顿再一次巡视旅馆并询问员工："你认为还需要添置什么?"

员工们回答不出来，显然是觉得条件已经很好了。

他笑了，说："还要有一流的微笑。如果是我，单有一流设施，没有一流微笑，我宁愿弃之而去住那种虽然地毯陈旧些，却处处可享受到微笑的旅馆。"

"一流设施，一流微笑"支持希尔顿的事业蒸蒸日上。

1946年5月，希尔顿成立了希尔顿旅馆公司。翌年，该公司在纽约证券交易所上市。这是有史以来首家正式上市的旅馆企业的股票。是年，希尔顿的母亲离开了人世。希尔顿悲痛不已。

希尔顿的微笑，如果被生搬硬套移植到别的地方，笑得也许很甜，但那是放了糖精的笑。哪个企业想要学习，就必须自己去种一片甘蔗林。

在纽约，有"旅馆皇后"之称的华尔道夫—阿斯托利亚大饭店是当时世界上规模最大、最豪华、最宏伟壮丽的饭店，从各国的国王元首，到富豪明星，无不将其当成心目中的"麦加圣地"，向往不已。就在母亲去世前，希尔顿向母亲保证要得到这家大饭店——这一愿望终于在1949年10月12日变成现实。希尔顿以此告慰母亲的在天之灵。

50年代，希尔顿已不满足于仅仅在美国本土创业。他又在全世界营造自己的"旅馆帝国"。马德里、墨西哥城、蒙特利尔、柏林、罗马、伦敦、开罗、巴格达、哈瓦那、曼谷、雅典、香港、马尼拉、东京、新加坡……希尔顿饭店相继开业。截至70年代末，希尔顿在世界大都市所拥有的饭店，已有近百家。

已经成为世界"旅馆帝王"、拥有数十亿美元资产的老希尔顿，仍然坚持坐着飞机，在他的"希尔顿帝国"里一处一处地巡视，偶有所感立即记录下来，立说著书。他写的《宾至如归》一书，多年来被希尔顿员工视为"圣经"，而书中的核心内容就是："一流设施，一流微笑"。

1979年，92岁的康拉德·希尔顿离开了人世，留下了遍布世界的"一流设施，一流微笑"的希尔顿饭店。

评述

微笑是人的天性使然，只要不是面对仇恨。即使面对的是怨恨，微笑也会将冰川化解。

但如果不是希尔顿，微笑的作用恐怕不会外延到成为一种竞争手段。

微笑也就成了希尔顿的专利。

这种专利形成了希尔顿的"差异化"竞争战略。竞争对手是不易模仿的。

许多人不信,不就是"宾至如归"吗?不就是咧嘴笑吗?

结果,大多数属于东施效颦。

远的不说,20世纪80年代的时候,在中国的许多商店、旅馆大厅都悬挂着"宾至如归"的牌匾,应该是从希尔顿的书里借来的。牌子挂起来了,只是招牌下那些脸上的表情还很僵硬,嘴角的笑意是那么的勉强,至于顾客被尊为"上帝"了,还是一副受宠若惊的样子。

现在,我们依然从那些微笑里感觉到有刀。因为那笑不是来自真诚。

谁都想拥有一个"简单、容易、不花本钱而行之长久的办法"。但对于希尔顿是微笑,而微笑被生搬硬套地移植到别的地方,笑的也许挺甜,那是放了糖精的笑。

如果哪个企业就是要学习希尔顿的微笑,必须自己去种一片甘蔗林。

链接

希尔顿从5000美元起家,在1949年10月,让美国纽约有"旅馆皇后"之称的华尔道夫—阿斯托利亚大饭店,也是当时世界上规模最大、最豪华、最宏伟壮丽的饭店,成为希尔顿王国的一员。

接着,希尔顿又将具有"旅馆皇帝"之称的史蒂文斯大饭店,掌握在自己的手中。

1954年10月,希尔顿收购了拥有8家一流旅馆的美国"纽约斯塔特拉连锁旅馆"的控制权。……截至70年代末,希尔顿在美国的旅馆,已有近百家。

50年代,希尔顿已不满足于仅仅在美国本土创业。他又在全世界营造自己的"旅馆帝国"。截至70年代末,他在世界大都市所拥有的饭店,已有近百家。

80多岁时,拥有数十亿美元资产的希尔顿仍不断地从美国这个州飞到那个州,从这个国家飞到那个国家,视察希尔顿饭店。每到一处,他的口头禅便是:"你今天对客人微笑了吗?"这是他近60年经营生涯中不变的神圣理念。

正是依靠"一流设施,一流微笑",希尔顿"旅馆帝国"覆盖全美50州、遍布世界五大洲。也正是"一流设施,一流微笑"经营要略,希尔顿成功地推动着世界旅馆业的国际化、现代化的发展进程。

20．让您光彩照人每一天

让您光彩照人每一天——这是力士（Lux）的企业宗旨。

应该说，力士实现了自己的使命。

但是，力士并不是从一开始就光彩照人的。甚至可以说，力士的成功，完全依赖于它杰出的命名创意。在19世纪末，力士所属的英国联合利华公司向市场推出了一种新型香皂，产品上市的一年时间里，先后启用了猴牌（Monkey）与阳光牌（Sunlight）作为品牌名称。

一个"孩子"用了俩名，无非是图个"好养活"。

事与愿违。香皂的销路一直不好。大家坐下来，认真地分析了一下，认为是产品的名称出了问题。

不错。

猴牌（Monkey）与香皂没有任何联系，显得不伦不类，而且猴子好动好斗，还有点埋汰，非但让人感受不到产品的功能价值，还容易让购买者产生心理抵触。也是的，当初怎么想的呢。

阳光牌（Sunlight）倒是灿烂、干净了许多，却显老套、俗气，不能令人耳目一新。

必须为新产品起个令人叫绝的惊艳的名字。

1900年，联合利华公司在利物浦的一位专利代理人，建议用——Lux。第一，它只有三个字母，易读易记，简洁醒目，在所有国家的语言中发音基本一致，具有国际品牌的特性，易于在全世界传播；

第二，它来源古典拉丁语Lux（阳光），但比英文Sunlight更富典雅高贵气质，令人联想到明媚的阳光和健康的皮肤，甚至可以使人联想到夏日海滨度假的浪漫情调；

第三，它的拼写和读音令人潜意识地联想到另外两个英文单词Luxury（豪华）和Lucks（幸运），可以赋予购买者以丰富的想象空间。

这个提议立即得到了联合利华公司董事会的同意。

结果如何？

香皂本身并无多大的改进，但名称更换后，销量顿时大增——"Lux"很快风靡世界，时间不长就成为驰名世界的品牌。

"Lux"为产品起到了很好的宣传作用，因为它本身就是一句绝妙的广告词。因此说，力士的成功很大程度上应该归功于品牌的重新命名。直至今日，业内人士仍然认为"Lux"是一个近乎完美的品牌名称，尚无其他品牌名称能在命名上出其右，因为它几乎涵盖了优秀品牌名称的所有优点。

力士有了一个好名字，如何把这个"Lux"叫出去，叫得响，叫得远？

联合利华想到了明星的示范效应。

于是，力士香皂创造了一个成功案例——利用国际影星作为品牌形象的战略。

1927年，智威·汤姆逊广告公司为力士香皂一下子网络了16位在公众中享有盛名的女影星做广告，在欧美广告界和消费者中产生了广泛的反响。

软性报道中，人们看到："你在银幕上看到的动人肤色的影星96％享受力士的呵护。……在好莱坞有443名做重要工作的女性和全部影星，其中有417名用力士香皂。"

充满煽动性的广告语"十个影星九个用力士"沿用了40年，直到后来遭到法律麻烦才被迫终止，改用"让你的皮肤变成明星"。

上个世纪的80年代，中国最为流行的两句广告语，一句是雀巢的"味道好极了"，另一句就是力士的"我只用力士"——凭借《苔丝》成为国际影星的娜塔莎·金斯基一边用诱人的眼神看着荧屏前的观众，一边用令人心乱神迷说着这句广告语，于是，许多粉丝跟着喊出了"俺也只用Lux"。

力士香皂的国际影星名牌战略执行到现在，先后与多名世界著名影星签约拍广告，其中包括伊丽莎白·泰勒、奥黛丽·赫本、玛丽莲·梦露、凯塞琳·德芙瑞、索菲亚·罗兰、简·方达、波姬·小丝、凯瑟琳·琼斯。在三四十年代的上海，力士的品牌代言人是电影皇后胡蝶，胡蝶是那个时代亚洲最具亲和魅力的女明星。之后，亚洲的女明星，如钟楚红、张曼玉、袁咏仪等都曾担纲出演力士的广告。

力士，让您光彩照人每一天！

今天，你用了吗？

评述

力士（Lux）的成功可以简单归为产品好、名字好、广告好。产品好在此不再赘言。

力士的好名字带来的好销路，历史已经证明了。

名字已不仅仅是个"记号"，更多的是内涵，是美感，是一种期望，是一种想象，只有内涵深刻、符合人们审美需求的名字，才能让人喜欢，也才能托举良好的品牌形象，使其走向成功。所以说，企业必须重视产品的名称。一般来说，一个好的名字应该具备：简洁明快，易读易记，方便传播，给人以美感和艺术享受。

如今，中国的企业都希望能成为"外向型"的"跨国公司"，这，当然好。但，切忌不要忽略品牌商标的设计，特别要和一些国家或各地的社会文化传统相适应，不要违背当地的风俗习惯和各国的宗教信仰，特别是各地的忌讳。例如，一个企业出口的"白象牌电池"在东南亚各地十分畅销，因为"白象"是东南亚地区的吉祥之物，但在欧美市场上却无人问津，因为"白象"的英语"White Elephant"意思为累赘无用令人生厌的东西，可见谁也不会喜欢。再有，"蓝天"牌牙膏出口到美国，其译名"Blue Sky"则成了企业收不回来的债券，销售无疑成了问题。

名字至关重要。这一点，联想集团更换标识值得深思和借鉴。2003年4月28日，联想集团在北京正式对外宣布启用集团新标识"LENOVO"，以"LENOVO"代替原有的英文标识"Legend"。对于联想为何更换原有的"Legend"

英文标识，知情人士分析，早在联想注册"Legend"英文标识之前，联想"Legend"英文标识在国外至少已有十几家公司注册，联想国际品牌推广线路因此受阻。据了解，在欧洲等地区，联想的英文标识一直用的是其电脑主板"QDI"标识作为联想的英文标识。"Legend"和"QDI"两种标识的存在，很显然影响了联想品牌的传播，联想更换标识也就不难理解。而据估计，联想更换标志带来的损失约为400亿元人民币。

力士的好广告带来的好销路，历史同样也证明了。

70多年过去了，力士的影星换了一代又一代，但"国际影星"这个名牌战略却一直未变，使力士香皂成为享誉全球的著名品牌。这些明星不仅是美丽代言人，更是具有力士个性的代言人——时尚，性感，具有诱惑力。就这样，力士一贯坚持让著名影星作为其推介证言的策略，在不断的积累中成功地使力士的品牌文化与时尚联系在了一起。当然，力士对明星的选择上也是非常严格的：这些明星必须在女性心目中具有很强的亲和力、感召力与绝对的魅力。

链接

力士，让您光彩照人每一天！

今天，你用了吗？

今天你可能用了舒肤佳。

为什么？

一个联合利华的力士，一个宝洁的舒肤佳，两种香皂在中国市场的营销大战，甚有看头。一句话，就是"润肤"

与"除菌"的抗衡。

舒肤佳——后来居上了。

力士始终以国际影星为形象代言人，淋漓尽致地传达出"滋润、力士国际巨星之选"的品牌核心价值。每一个电视广告都表现滋润美容的产品利益点，以及香味芬芳宜人，使用时泡沫丰富刺激性小，用后肌肤光洁、滑爽、舒适，留香持久，等等。

1992年3月，"舒肤佳"进入中国市场，而早在1986年就捷足先登的"力士"已经牢牢占据着香皂市场。后生"舒肤佳"却在短短几年时间里，硬生生地把"力士"从香皂霸主的宝座上拉了下来。根据2001年的数据，舒肤佳市场占有率达41.95%，比位居第二的力士高出14个百分点。

舒肤佳的成功自然有很多因素，但关键的一点在于它找到了一个新颖而准确的"除菌"概念。在中国人刚开始用香皂洗手的时候，舒肤佳就开始了它长达十几年的"教育工作"——看得见的污渍洗掉了，看不见的细菌洗掉了吗？在舒肤佳的营销传播中，以"除菌"为轴心概念，诉求"有效除菌护全家"，并在广告中通过踢球、挤车、扛煤气罐都会感染细菌。舒肤佳这是进行消费者教育来拓展其除菌香皂市场。人们原本没觉得自己身上有那么多细菌，经过舒肤佳的十年教育，觉得自己身上到处都有细菌，除菌是事关健康的大事，所以"除菌"比"滋润"重要多了。

何况，后来又有"非典"等紧密"配合"把手洗干净的重要性。

舒肤佳每一个广告都围绕有效祛除细菌展开。舒肤佳以中华医学会推荐、实验证明等方式论证人体身上经常会有细菌，更具权威性和说服力。

请看舒肤佳的一个广告——

教室里，小朋友一个接一个地打喷嚏。

这时，一个年轻的妈妈出现了，只见她语重心长，对着镜头说："小孩子容易感冒，是受了感冒病菌的影响，要想驱除感冒病菌，请用舒肤佳！"

紧接着，舒肤佳叠入画面，一系列功能说明后，画外音传出"让感冒病菌远离你——舒肤佳！"

这则广告是"舒肤佳"的产品策略的延伸——将"除菌"进行到底。坚持"除菌"诉求十年不变，这是舒肤佳成功的根本原因。通过说教式的广告表现，平易近人的广告人物诱导，舒肤佳成功地在消费者的心目中树立起了"除菌专家"的品牌形象。

力士与舒肤佳在中国香皂市场上的你来我往，生动地说明了，规划一个有很强的感染力与诉求力的核心价值的关键——在于真正洞察消费者的内心世界——他们的渴望、审美偏好、价值观和未满足的需求。这就是USP营销概念。

USP是英文Unique selling proposition的缩写，意思是独特的销售主张，通俗的说法叫卖点。USP具有如下特点：

一、每个广告都必须向消费者陈述一个主张："购买此产品你会得到这种具体好处"。

二、这种主张必须是独特的，是竞争者不会或者不能提出的，既可以是品牌的独特性，也可以是在这一特定的广告领域一般不会有的主张。

三、这种主张不一定是产品独一无二的，但必须是市场上还没有的，别人还没有提出的主张，或者大肆宣传的。

　　四、这一主张一定要强有力地打动千百万人，也就是吸引新的顾客使用你的产品。

　　以上四点，舒肤佳一一做到了。

　　舒肤佳，今天你用了吗？

21. 海尔："激活休克鱼"成为 哈佛大学MBA案例

1998年3月25日下午3时,哈佛大学MBA四年级学生陆续走进教室。这些经历了严格挑选才跨进哈佛大门的未来商业骄子们,都有过在大公司经营管理的实践,而且在多个国家、多种文化背景下工作过,现在,他们对中国海尔企业独具特色的管理哲学产生了极大的兴趣。他们希望能与张锐敏总裁进行对话。整个大厅座无虚席,连台阶上也挤满了"旁听生"。

张瑞敏,1949年出生,外表儒雅、性格刚强,他个人最大的爱好是哲学。按常理儿,像他这类"书呆子",带有一点乌托邦理想主义色彩的人是不适合管理企业的。应该说,在机遇没有到来之前,他和许多中国的大多数知识分子一样,普通平凡、默默无闻,但机会一朝出现,他就立刻抓住了——他自称是"抓住了创作海尔交响曲的纸和笔"。

但1984年,张瑞敏接手的青岛电冰箱总厂——海尔的前身——是一个烂得不能再烂的摊子了,当时的亏损额达147万元,整个企业人心涣散,举步维艰。

……14年过去了。

"海尔应像海，唯有海能以博大的胸怀纳百川而不嫌弃细流，容污浊且能净化碧水。正是如此，方有滚滚长江、滔滔黄河，涓涓细流，不惜百折千回，争先恐后，投奔而来，汇成碧波浩淼、万事不竭、无与伦比的壮观！"

哈佛的学生被张锐敏上面的文字打动了。

张瑞敏在讲台说："作为一个管理者看哈佛是神秘的。今天，听了案例的讨论，我的感觉不像是在上课，而是在海尔召开一个干部会议，大家能在不同的文化背景下对海尔的决策有这样的理解，我认为很深刻。要把一条休克鱼激活，在中国的环境下，关键是要解决给每一个人创造一个可以发挥个人能力的舞台，这样，就永远能在市场上比对手快一步……"

他的话引起一阵热烈的掌声。

这些学子们对"激活休克鱼"非常感兴趣，却不知张锐敏在海尔的成功是从砸冰箱开始的。

1985年，有一位顾客反映海尔的冰箱有质量问题。张锐敏突击检查了仓库，发现库存中不合格的冰箱还有76台。张锐敏召集干部来研究处理办法。有两种意见。一是作为福利品分给本厂有贡献的员工，另外是做礼品送给关系单位。

张锐敏说："砸！"

大家好像没听到。

张锐敏斩钉截铁："砸掉！"

当时一台冰箱售价800元，而工人的工资每月才40元，76台冰箱相当于全厂员工三个月的工资呀。

张锐敏砸下了第一锤。

冰箱砸了，张锐敏和总工程师杨绵绵承担了责任，扣罚了自己的当月工资。

张锐敏的锤子让员工们清醒了。

许多"休克鱼"也应该感到了震动吧。

1995年，青岛市政府决定，青岛红星电器股份有限公司整体划入海尔集团。青岛红星公司年产洗衣机70万台，曾是行业骨干企业，已亏损到不能偿还银行贷款，这样一个烂摊子，怎么"收拾"？！

海尔文化充当了先锋。

在划归的第二天，海尔集团副总裁杨绵绵就带领海尔企业文化、资产管理、规划发展、资金调度和咨询认证五大中心人员到位，开始贯彻和实施"企业文化先行的战略"。"敬业报国，追求卓越"的海尔精神，开始植入并同化着青岛红星公司的员工们。随后张锐敏又亲自到厂，向中层干部讲述他的经营心得。

这个厂被兼并时当月亏损700万元。第二个月减亏，第四个月盈亏相等，第五个月盈利150万元。1995年以前在行业内排名最后的"红星"开始真的闪亮了，1995年排名开始提前，到1996年6月已经成为本行业第一的名牌企业。整个兼并过程，海尔没有增加一分钱投入，没有换一台设备，也没有换人。主要就是注入了企业文化、转变了员工的思想观念和企业管理模式，"激活"了企业。

现代企业为了迅速扩大企业规模，抵抗风险，必须走资本运作这条路。那么在市场经济条件下，企业兼并是风险很大的资本运作。海尔选择的兼并目标很有特点：主要选择技术、设备、人才素质优良，只是管理不善，处于"休克"状态的企业，海尔人称之为"吃休克鱼"。

张瑞敏对中国的资本运作市场和他的兼并理念这样解释：

"我们研究了中国的国情，在现有体制下，活鱼是不会让你吃的，越是国有企业，只要有口气喘，就不会让你吃掉；而死鱼又不能吃，吃了会闹肚子。于是我们提出吃'休克鱼'的观念。"

在海尔用文化"激活"了青岛红星电器股份有限公司之后，又过了两年。顺德爱德洗衣机厂符合海尔"吃休克鱼"的兼并策略。该公司硬件设施良好，因管理不善造成企业停产一年多。合资后，海尔集团洗衣机本部仅派去了3名管理干部，带去的是海尔倾心培育多年的管理模式、企业文化及雄厚的科研开发能力。6周后，新公司第一台洗衣机诞生，随后大批高质量的洗衣机走下生产线，曾目睹"深圳速度"的顺德人不得不惊叹海尔的"海尔速度"。而值得一提的是，盘活这条"休克鱼"的洗衣机本部，正是两年前被海尔认作是"休克鱼"的青岛红星电器股份有限公司。短短两年时间，在海尔管理文化模式的浸润下，昔日"休克鱼"不仅自己苏醒，在市场中纵横驰骋，而且又催醒了另一条"休克鱼"。

评述

"激活休克鱼"是海尔的四大成功：

一是海尔企业文化的成功。

二是海尔管理模式的成功。

三是海尔品牌力量的成功。

四是张瑞敏思路的成功：在现有体制下，活鱼是不会让你吃的，越是国有企业，只要有口气喘，就不会让你吃掉；而死鱼又不能吃，吃了会闹肚子。于是海尔提出吃"休克鱼"。

张瑞敏，你太有才了！

22．高雅古典的酒瓶带来的好运

伏特加酒与伏尔加河一直都是俄罗斯的两个重要符号。

但是，绝对伏特加"绝对"不是俄罗斯的伏特加。

绝对伏特加（Absolute vodka）是产自瑞典的佳酿——一个仅有一万人的瑞典南部小镇：奥胡斯——创造了享誉国际的顶级烈酒。

《福布斯》杂志在2002年公布的奢侈品牌排行榜上，绝对伏特加（Absolute vodka）独占鳌头。《福布斯》排名基于四种不同标准的评分来确定：一是控制销售渠道的能力；二是品牌对购物选择的影响力；三是市场营销效率；四是媒体曝光率。绝对伏特加的优势主要集中在后两项。

现在，还是先说说绝对伏特加——"绝对"在哪儿吧。

拉斯·奥尔松·史密斯堪称一个绝对——绝对是瑞典酒业重量级的传奇人物。他10岁就成了一名成功的商人，14岁跻身成功企业家的行列，还没学会刮胡子就控制了瑞典伏特加酒三分之一的市场份额。正是他，在1879年创造了

174

连续蒸馏法，这种新工艺改变了以往瑞典酿酒工艺粗糙的历史，将整个酿酒过程中出现的小麦渣滓和水中杂质去掉，使酿出的酒温润、纯净，被誉为"绝对纯净的伏特加"。

绝对伏特加的另一个绝对——就是绝对的酿造工艺。

1904年，绝对伏特加酒厂成立了。漂亮的红砖建筑成为奥胡斯这个中世纪小镇的重要地标。最为关键的是，它沿用了连续蒸馏工艺，并发扬光大。绝对伏特加销售到全球100多个国家的每一瓶酒、每一滴酒液，都产自奥胡斯。单一酒厂、当地原料，确保了品质的"专一"。绝对伏特加强调的产品美学：清澈（clarity）、简单（simplicity）、完美（perfection），尽在其中。

1975年的时候，为确保绝对伏特加酒品质的纯良，奥胡斯酒厂按照创始人当年的方法，再加上现代技术手段，利用精挑细选的瑞典南部谷物，蒸馏出一种纯度更高的烈酒，被命名为"绝对伏特加"。技术分析显示，这种绝对伏特加的纯度在酒类当中无出其右。多年来，特选的冬小麦与纯净的地下井水保证了绝对伏特加的优等质量与独特的品味。瑞典南方20%的冬麦被拿来制造绝对伏特加，有数千名农夫为其工作。绝对伏特加坚持选用当地冬小麦，并完全利用原产地小镇的天然深井水酿造，从而保证每一滴酒都质量上乘，口感独特而纯净。这也是绝对伏特加的最主要卖点。

20世纪80年代起，绝对伏特加家族不断扩大，陆续增加了辣椒、柠檬、黑加仑、柑橘、香草、红莓等多种口味，并依然保持了绝对伏特加的优异品质。为了感谢先人留下的这一宝贵遗产，今天的每一瓶绝对伏特加的瓶身上，还贴着拉斯·奥尔松·史密斯的头像徽章。

但绝对伏特加走向国际市场的时候，不可避免地遭遇到了俄罗斯伏特加的无形"阻击"。

这，不足为怪。

2003年的时候，俄罗斯人就迎来伏特加500岁诞辰。在众多人的心目中，伏特加酒与伏尔加河一样，渊远流长。只有这种基于俄罗斯文化的伏特加才是最正宗的，这几乎成了伏特加定律，其他的伏特加只能是仿制品。因此，绝对伏特加在进入西欧、北美市场时，首先就受到这种文化背景的强大阻力。

让时间回到1979年。

1979年，是绝对伏特加的百年华诞，公司总裁拉尔斯·林马克（Lars Lindmark）毅然决定进军美国市场，以庆祝这个伟大的年份。

机遇与挑战共存。

但，奥胡斯小镇的许多酿酒人相当悲观。

而且，一个难题又出现了——瓶身设计迟迟未定。

美国的第一轮营销活动即将开展之时，美国代理商卡瑞朗进口公司（Carillon Importers）总裁阿尔·醒尔（Al Singer）认为，既然绝对伏特加是一块耀眼的璞玉，那么就一定要将其独特的个性呈现出来。有一天，广告人冈纳·布罗曼在斯德哥尔摩的古董店闲逛，忽然看到一个简单大方、不落俗套的瑞典老式药瓶，灵感闪现：

"就是它了！"

据考证，这个老式药瓶跟伏特加关系密切。瑞典早在十五世纪就出现伏特加这种蒸馏烈性酒，起初它装在透明的罐子里，主要是医疗用途，可舒缓瘟疫造成的急性腹绞痛等症状。这只古老药瓶的造型，不仅透明、单纯，而且能结合瑞典历史，是绝对伏特加的最佳搭配。

为了追求完美，绝对伏特加销售团队邀请了一些设计师，对这个药瓶做进一步的改良设计。最终决定不使用任何标签，以显示水晶般透明的纯净酒质。同时还决定使用蓝色作为最醒目的颜色。最后，设计师们还对瓶子的设计做了一些修改，加入了拉斯·奥尔松·史密斯的徽章，象征着瑞典伏特加精神的延续，同时加长了瓶颈。

然而，在调查中发现，这一设计在美国并不讨好。

在酒吧，消费者常常看不见架上的绝对伏特加酒，因为它的酒瓶是完全透明的；其次，绝对伏特加的瓶颈太短，不易握住酒瓶；还有，"Absolute"这个词听上去也没有什么"绝对"的特点。

奥胡斯小镇的人极为自负：坚决使用绝对伏特加的酒瓶，并决定用强劲的广告赋予品牌个性。他们认为，要想在利润率日渐下跌的伏特加市场中站稳脚跟，必须用高端的品牌形象与美国市场上的低价酒拉开差距，并据此名正言顺地抬高价格。

在这种情况下，绝对伏特加展开了一场轰轰烈烈的广告宣传。

绝对伏特加陆续推出了近两千幅平面广告。其中绝大多数都以绝对伏特加酒瓶的轮廓特写为中心，但酒瓶里装着什么则千变万化。酒瓶下方写着2—3个英文单词：第一

绝对伏特加在品质和工艺上坚守传统，在包装形式上却做到了『万变』。至今，全世界已有五六百位画家为绝对伏特加的广告创作过作品，据说，还有上百位画家在排队等候……

个总是"绝对"，后面接着的单词展现了广告创意人员天马行空的想象力——其中有的是带有特殊含义的数字，有的是妇孺皆知的单词，有的则是只可意会不可言传的生造概念。通过广告，绝对伏特加赋予消费者自信、高雅的感觉，并使其本身也超越酒的概念，成为文化、个性和品位的象征。

其实，真正的突破是在1983年。卡瑞朗公司的继任CEO米歇尔·鲁碰到了当前设计玛丽莲·梦露成名照的波普艺术大师安迪·沃霍。

安迪·沃霍一见到这个古典而高雅的酒瓶就喜欢上了它，兴奋地说："我十分喜爱你们的酒瓶，只可惜我并不喜欢喝酒。但我十分愿意将其视作香水。我能为你画一幅画吗？"

米歇尔·鲁听后，十分高兴地答应了。

于是，一幅只有黑色绝对伏特加酒瓶和"AbsoluteVod-ka"字样的油画诞生了，并第一次作为广告创意在媒体上发表。广告一发布，绝对伏特加的销售骤然上升。奥胡斯小镇的人猛然间看到了艺术价值与酒文化价值的互动效应，旋即将绝对伏特加的传播切入点定位为：艺术家、影星、富豪、社会名流。不断加快绝对伏特加的时尚化、个性化、价值化的传播进程。仅仅两年时间，绝对伏特加的销售量就超过红牌伏特加，成为美国市场上第一伏特加品牌。又经过多年的发展，绝对伏特加在同类产品中以每年平均高达20%—30%的增长率，领先于所有伏特加品牌。1996年，销售量达到50000万公斤，一举成为美国市场上占有率第一的伏特加品牌。一句"绝对完美"的广告语也成为美国家喻户晓的广告经典。

如今，每天有超过50万瓶绝对伏特加在奥胡斯小镇生产，并运往全球100多个国家和地区。

评述

瑞典的绝对伏特加能够从众多伏特加、尤其是俄罗斯的伏特加中脱颖而出，靠的是"不变"与"万变"。

"不变"的是品质、工艺，这种对传统的坚守与传承，历久弥新。

"万变"的是形式，从广告设计到瓶身塑造，紧密与艺术、时尚拉上关系，并最终成为一种时尚和艺术。

从波普艺术大师安迪·沃霍设计的广告开始，绝对伏特加就培养了一大批"绝对牌"的忠诚者。他们在喜欢产品的同时，又成了迷恋与收藏广告的忠诚者，甚至到了如痴如醉的地步。据说，许多图书馆员要防着雅贼撕走杂志中绝对牌的新广告；纽约某一报摊的小老板则将杂志内的绝对牌广告小心割下，再另行单张出售，一书两卖。1996年，奥胡斯小镇的人一看绝对伏特加的广告备受欢迎，只好将所有广告结集成书正式出版，售价高达60美元，销售的火爆并不亚于绝对伏特加。在著名的《美国艺术》杂志里，经常能看到绝对伏特加的广告，这些广告和其他印着艺术家作品的彩页混杂在一起，很难区分哪些是艺术品，哪些是广告。实际上，绝对伏特加大多数的广告作品，已经模糊了传统意义上的广告和艺术的界限。至今，全世界已有五六百位画家为绝对伏特加的广告创作过作品，据说，还有上百位画家在排队等候……

再有，就是绝对伏特加将酒瓶设计成了艺术品。例如，在"绝对布鲁塞尔"篇中，人们看到了绝对伏特加酒瓶撒尿的景观，寓意不言自明，象征那个在关键时刻拯救布鲁塞尔的小男孩用自己的尿浇灭导火索的著名雕塑；在"绝对瑞士"篇中，瓶子的形状嵌进手表的零件中，十分有趣，既突出了瑞士钟表王国的特征，又巧妙的将自身形象化的特征融入其中，堪称经典。

这，就是一瓶酒，为什么能成为奢侈品的缘故吧。

链接

2008年4月15日，一则新闻吸引了众多眼球：瑞典的"绝对伏特加"广告以1848年美国和墨西哥战争前两国边界地图作背景，将当年被美国巧取豪夺的加州、得州、亚利桑纳州及新墨西哥州通通"归还"给了墨西哥。

这则绝对伏特加广告原本为讨好墨西哥酒迷，将美国西部大部分地区"归还"给了墨西哥，巧妙地揭露了美国当年的西部领土扩张丑闻。但此事大大出乎美国人的意料，面对瑞典这种"无耻干涉内政的行为"，美国人的愤怒潮水般爆发了。不少对主权敏感的美国人，看到这则广告大感受辱，纷纷在网上留言指责酒厂"煽风点火"挑拨敏感的政治神经，又扬言酒厂是在鼓励墨西哥人不必拿合法文件偷渡到美国……没有办法，绝对伏特加只好在网站发表声明道歉，强调"绝对没有大家揣测的那些意图"，只是想让墨西哥人民回忆起昔日时光，可能会产生比较理想的感受。

呵呵，美国人的记性真是不好。

23. 惠普：成功的公式＝
博士＋汽车库

1938年，在美国的斯坦福大学工学院，威廉·惠莱特将设计出的电子管高频振荡器，向"无线电工程学"的老师特曼教授请教。

"你的设计很有价值，应该将它付诸实践。"教授鼓励他。

这让惠莱特信心大增。这个时候，特曼教授所带的另一个学生大卫·普克德愿意同他合伙创业。年轻人说干就干，张罗起来。

没有资金，这是一件令人头疼的事。

但两个年轻人的头只是疼了一会儿，因为他们向银行借了1000美元，又向特曼教授借了538美元。没有场地——这回他们没感到头疼。很快他们就租用了一间破旧的汽车库。"Hewlett—Packard"公司（简称HP公司）——惠普公司宣告成立了。

怎么样才能让企业兴旺发达起来——经过几年的实践，惠莱特和普克德在纸上算出了两条有趣的"管理公式"。

先看这第一个公式——

人才=资本+知识=财富

普克德说："这个公式是好，但要有个好的解答。"

惠莱特解答了："人才就是资本。人才是知识的载体，知识是人才的内涵；人才是企业不可估量的巨大资本。而知识就是财富。"

"因而，对于企业而言，人才=财富。"

"对极了！"

说得好，算得也好，关键得要做好。

惠莱特和普克德做的最多的是，让员工们感受到，惠普的每一个人都是重要的，每一项工作都是重要的。他们没有食言，除了加强对员工的学习、培训外，还十分重视全体员工的物质利益。在创业初期比较困难的情况下，惠普就对员工实行一项奖励补偿计划：如果生产超过定额，发给较高的奖金。后来，又进一步推行"利润分享"制度，鼓励全体员工同心同德、共创辉煌。

惠普成立不久，正图谋发展，一批军事订货送上门来了。大家兴奋异常，摩拳擦掌，这个活干下来，大有油水。谁也没想到，惠莱特说：

"这批订货，我们不接。"

大家愣了。

"这是批高利润的订单。"大家说。

"这个我比任何人都清楚。但不接就是不接。"

许多人猜不透惠莱特的想法，普克德却了解这个志同道合伙伴的心思：公司人员不够，加工这批订货要临时增添12个人，合同完成后就要立即裁减，这不符合他们的"决不轻易辞退"的用人原则。惠莱特和普克德看重每一个员工，所以公司对员工实行"一经聘用，决不轻易辞退"的办法。他们不能看到眼前的利益，就不考虑员工的价值。

在实践中，惠莱特和普克德又修订了管理公式：人才=财富，而顾客是企业的财富之源。

因此，他们要求公司的每一个员工——人才们，要经常考虑使自己的活动围绕着为顾客服务这一中心目标。而每一个员工为顾客服务的思想，首先表现在能提出新思路、新技术，在这个基础上开发出受顾客所欢迎的新产品。

惠莱特说："光有新产品是远远不够的，还要辅之以最好的服务——长期地、无故障地服务。以惠普的高素质人才，为顾客提供最好的服务，从而创造出最大财富。这就是：人才=财富。"

现在，再来看惠莱特和普克德的第二个管理公式——

博士+汽车库=公司

这个公式又如何解释呢？

还是听听惠莱特怎么说的吧。

"我们公司尊重每一个员工。大家都是惠普的'博士'。我们尊重'博士'，让"博士"充分释放能量。每个员工的尊严与价值是惠普方式极其重要的构成部分。"

惠莱特和普克德创造了惠普浓郁的人本管理氛围。他们鼓励员工参与管理，既提倡个人的自由和主动性，又强调目标的一致性和团队协作精神。

为了实现"个人的自由和主动性"与"目标的一致性"相协调，惠普实施"目标管理"制度。在这种制度下，人们能够灵活地用自己认为最适于完成所承担职责的方式，去致力于实现公司的发展目标。惠莱特认为：要实现公司的目标，必须得到员工的理解和支持，允许他们在致力于实现共同目标中有灵活性——这就形成了惠普的"目标管理"。

按照"目标管理"，惠普公司人事政策的基本原则是"分享"制度——分享目标管理体系中各个部门乃至每个人的责任；通过购买股票分享对公司的所有权，分享公司的利润，分享个人职业发展的机会，以及分享由于生意偶尔出现下降趋势而造成的负担。

在惠普，"博士"太荣幸了。

那么"汽车库"又是怎么一回事？

为了保持和发扬"团队协作精神"，惠莱特和普克德着力营造整个公司内部人与人之间的团结协作氛围，使得惠普公司的全体人员之间与创业之初"汽车库"内的几个人，一齐同心协力，融洽合作——这就是"汽车库"式的方针。

"汽车库"式的方针，还反映在惠普公司上下之间融洽的关系上。除少数的会议室之外，公司的任何一级领导人都没有单独的办公室。各部门的全体职员，都在一个大办公室里办公——以利于创造上下级之间融洽合作的气氛，以期每个人都能无拘无束地工作。此外，对包括董事长、总经理、部门经理在内的各级领导人，均直呼姓名，以利营造平等、亲切的气氛。

"博士"——设身处地地为员工着想，通过尊重每一个人，让大家充分释放能量。

"汽车库"——"个人的自由和主动性"与"目标的一致性"相协调，彼此融洽合作。

这就是：博士+汽车库=公司=惠普公司的发展

评述

算一下惠普的管理公式非常容易。

不就是尊重人才吗?

我们也尊重啊,别说把他们叫"博士"——要是能赚大钱,不花钱就能赚,我们叫他爹都行。

不就是对非常出色的"博士",可以"购买公司股票"嘛——我们是给,而且分房子分地。要美女不,我们也可以提供,但老婆离婚一概不管。

不就是永葆创业激情嘛——我们也重走长征路,当然我们是开车了,那么多"奔驰"放在"汽车库",也浪费呀……对照惠普,许多企业的老板就是这么想的。

为什么惠普还活着?

为什么有的公司活着——但已经看见死期不远了?

惠普的两个管理公式没有答案,只有学习和实践。

链接

惠普——1960年还未列入《幸福》杂志家500家最大工业公司名单,1974年便跃居第225位,1981年升到第110位,1982年挤入最大的100家公司——列第81位,1991年又上升到第26位。

从1974年到1991年,惠普年销售额从8.84亿美元增加到145.41亿美元,年平均增长20.4%;资产额从6.54亿美元增加到119.71亿美元,年平均增长22.8%;净收入从0.84亿美元增加到4.32亿美元，年平均增长20%。

1989年底，加利福尼亚州正式宣布：将惠莱特和普克德两个人当年创业时所用的"汽车库"——定为"硅谷诞生地"的美国历史文物。

1996年，在美国《幸福周刊》评选的"美国评价最好的公司"中，惠普公司排名第9，并被评为"最好的电脑和办公用品公司"。

1997年度，该公司在计算机市场上的销售额达355亿美元，是世界上唯一有实力对"霸主"IBM构成威胁的厂商。

1998年度，惠普的销售额达470.61亿美元，居世界最大工业公司的第22位，利润额29.45亿美元，资产额336.73亿美元。

在1998年10月26日美国《财富》杂志所评选出的"世界明星企业排行榜"中，惠普公司列第6位。

1999年6月22日，英国《金融时报》报道：在国际品牌咨询公司评估出的世界知名品牌价值排行榜中，惠普公司以171.32亿美元居第14位；在该报1998年11月30日评选出来的"世界声望最佳公司"中，惠普公司列第14位。

惠普在"吸引、留住和培训人才"等方面，多次被评选为美国最好的公司。

24. 一不留神就被"猴"耍了一回

1837年，英格兰的蜡烛制造商威廉·普罗克特和北爱尔兰的肥皂制造商詹姆斯·甘布尔碰在一起，这堂兄弟俩惺惺相惜，生意性质也相近，于是就在辛辛那堤设立了一间办公室和后院"工厂"——一个铸铁底面的木壶，用来把脂肪炼成油脂。

1850年，他们公司的信纸上面印着这样几行字：宝洁公司——制造与批发各式各样的蜡烛，以及松香、棕榈、甘油、洗脸与刮胡用的肥皂、珍珠粉、猪油等等。

1879年，"宝洁"推出最成功的产品"象牙肥皂"（化妆用的肥皂）。这项产品的潜力极大，公司拨出了一个庞大广告预算，普罗克特的儿子写下第一句广告词："象牙肥皂——纯度高达99.44%。"进而，"它还能飘浮"……

这个老资格的公司有一个特点，就是看到有竞争对手就有那么点"眼红"。

这一点，100多年后的一个叫做哈勒尔的先生最有发言权了。

20世纪的60年代初，哈勒尔购进了称为"配方四零九"

（Formula 409）的一种清洁喷液批发权。他努力在全国展开零售，到1967年，"配方四零九"已经占有美国清洁剂产品市场的很大份额。这是一项很舒服的专利权，也带来很舒服的生活。哈勒尔既不用顾虑股东（公司在他严密掌握中），又不用担心强大的竞争对手（喷液市场并不很大）。

这个精明的猴子没有察觉一头大象正在逼近。

宝洁公司——家用产品之王，一贯的做法是：建立一种新产品，向已经在经销本公司其他产品的零售商进行推销，并且利用大量的广告来争夺市场占有率。因此，当有一项清洁产品逐渐打开市场时，当然要叫宝洁眼红了。宝洁为了保护优势，就必须推出一种竞争性产品，借此开辟新的生意领域。

1967年，宝洁开始试销一种称为"新奇"（Cinch）的清洁喷液。

宝洁公司在创造、命名、包装和促销"新奇"这项产品时，投入大量资金，耗费巨大的市场调研。在这场竞争中，宝洁因为规模大而占优势。它可以投入数百万的经费，而不必计较是否立刻就有收获。

他们、包括许多人有理由相信，宝洁可以轻而易举地将哈勒尔打垮。

但是，哈勒尔怎么想的呢？

"别小瞧了我的小公司，它可以迅速采取行动，而且可以一面打一面跑。它不会陷入规模大的官僚泥淖中。"

宝洁一步一步展开行动。

哈勒尔听到了风声，得悉丹佛市被宝洁选为第一个测试市场。哈勒尔采取了自己的战术：他很巧妙地从丹佛市场撤出"配方四零九"。当然，他不能直接从超级市场货架上搬走，因为这样宝洁就会发觉，但他可以中止一切广告和促销活动。当某一商店销完"配方四零九"时，推销员所面对的是无货可补的局面。这是一种游击战：用静悄悄而又迅速的行动去扰乱对手。

这种战术发生了作用。

宝洁公司沉浸在"新奇"清洁喷液在试销中的极佳表现。

宝洁公司在丹佛市负责这项试销的小组甚至急于回到辛辛那堤总部得意洋洋地声称："所向披靡，大获全胜。"

他们完全没有意识到哈勒尔的"诡计"。

当宝洁开始发动全国推销攻势时，将之称为"席卷攻势"，因为攻势是按地区逐步推进。开始，哈勒尔采取报复措施。他用的策略是设法打击"宝洁"高级主管的信心。他借着操纵丹佛的市场而使宝洁公司对"新奇"抱着很高的期望，现在则要使实际销售情况远不如当初的想象。因此，他把16盎司装的"配方四零九"，一半以0.48美元的优待零售价销售，比一般零售价降低甚多。这纯粹是一种"价格战"——哈勒尔并没有充足的资金做长期支撑，但却可以使一般的清洁喷液的消费者一次购足大约半年的用量。他用大量的广告促销这种优惠商品。

因此，当宝洁从辛辛那堤总部派出大军来配合展开全国性广告攻势之时，"配方四零九"的使用者，用商业术语说，已经"不在市场上"。他们不需要再购买清洁喷液。唯一留在市场上的是使用者，这种人的需求量极其有限。

最后，宝洁公司从货架上撤回了新产品，尽管它在试销阶段曾大获全胜。

而这个时候，再看哈勒尔，他当然笑得很得意了。

评述

在没有事先确知"新奇"是一项值得投资的产品之前，即在全国以大笔的广告和促销经费展开推销攻势，所冒的风险就太大了。

宝洁公司傻吗？

不，宝洁公司是想一棒子就把别人打死。

没想到，被人家躲过去了，自己倒是闪了腰。

从宝洁公司身上，一些企业应该能够拿到风湿膏——而最好的那一贴，上面写着"别装老大"。

可以说，在这场较量中，小猴子真是玩转大笨象。

起初，为哈勒尔捏把汗。

宝洁可是一个在市场上不讲情面的冷面大哥。

但哈勒尔很快将小猴子的精明和灵活发挥到了顶点。

哈勒尔揣摩到了大公司的病脉。

哈勒尔知道这种公司都自信，而自信一旦过了，等于狂妄。企业的目中无人，代价就是麻木不仁，轻视别人，轻信自己，被眼前的种种虚假繁荣所蒙蔽。宝洁就是这样。其弱点被哈勒尔利用的非常足，他清楚宝洁这种公司会相信花大钱对新产品进行的市场测试结果。他判断宝洁会因为规模太大，而不去密切注意他的动静。

宝洁是一头大象，哈勒尔这个精灵古怪的小猴子容易听到它的脚步声而先躲开，进而玩一把声东击西的把戏。

结果是宝洁疲于奔命，最后不得不草草收兵。

　　这个故事里，也不能抹杀宝洁公司的功劳，它贡献了一面镜子，用许多年前的话说就是树立了一个"反面教材"。

25. 剃须刀片上演绎的风云变幻

金·C·吉列是个精明人。

吉列在巴尔的摩瓶盖公司做推销员时，一个家伙跟他说，如能发明一种"用完即扔"的产品，顾客反复购买，肯定能发财。

1895年盛夏的一个早晨，吉列在一家旅馆的客房里剃胡须。天气太热，又急于出去找客户，勉勉强强地刮好胡须，下巴上已变得血糊糊的，惨不忍睹。他恶狠狠地扔掉剃刀，怨恨道："这哪是在剃胡子，简直是割肉。"

一番怨恨，倒也提醒了他：我为什么不能开发一种新的剃须刀呢？

有了这个念头，吉列开始了艰难的设计、研制工作。时值炎热酷暑，吉列整天关在热似蒸笼的工作间，废寝忘食。一天，太太强迫他出去到树阴下凉快凉快，他看到不远处的田园里，一位农夫赶着牛，带着一张耙子，把地耙得又细又平。他看着看着，刹那间，闷热的心胸豁然开朗起来：何不把安全剃须刀设计成和耙子一样——T形的架子把刀片夹在中间，架子两边的夹片和中间的刀片几乎在一个平面上，这样，即使粗心、毛糙的人，也不会刮破脸皮。而且，中间的刀片可以拆卸、更换，用完即扔。

太好了！

吉列激动地跳了起来，立即跑回工作间，用木头、竹片细心地雕出模型。然后，他找到瓶塞厂他的一位老相识——机械师威廉·尼克森，请他帮助做出了几件样品。

吉列拿着样品，寻找投资者。

投资者对吉列拿来的"玩意儿"不感兴趣，看不出它有什么市场前景。但是，吉列凭着多年做推销员练就的口才，经过一番奔波，还是找到了几个很小的投资者。资金不足，他又得到了妻子的全力支持：一边变卖首饰，一边回娘家借来资金。

1901年，48岁的吉列终于开发出"用完即扔"的产品，并成立了"吉列安全剃须刀公司"。

吉列非常重视广告的宣传作用："新刀片瞬间就可装上。刮时不但不会伤到皮肤，而且舒适无比。想想自己刮胡子是何等的清洁、舒适与安全，而且又能摆脱上理发店的麻烦。想想你节省的时间——以及节省的钱。"

到了年底，吉列一共售出51个安全刀架和168片刀片，每副5美元（相当1982年的50美元）。

1904年，吉列公司取得专利权，刀架的销售量达到9万把，而刀片则达到了1240万片。有了资金，吉列展开了更大的广告攻势，还把自己的头像作为吉列安全剃须刀的"徽标"，让自己的形象——吉列——成为男人最为面熟的形象之一。

1907年，为了扩大"吉列"形象的社会影响，吉列雇请了一位专家梅尔文·L·塞弗里为其撰写了《吉列的社会实践》的专著；然后，在别人的帮助下，又撰写了经营总结与抒发志向的《世界公司》。

果然，吉列名声大振。

时间到了1909年，吉列公司售出的刮胡刀达到200万把，销售额达到几千万美元。

吉列看到滚滚而来的利润，开始变得狂妄和自负起来。

吉列竟然把成功归结为广告的作用。

1912年，吉列在写给董事会的一份备忘录中说："我们企业的成功完全要靠广告。"几年之后，他说，"我们一定要做侵略者。我们必须不断攻击，凭借武力把竞争者逼退，我们的武器就是广告经费。……我这种人属于推广者（Promoter），因为创造了伟大的非竞争性公司体……"

1917年4月，第一次世界大战接近尾声，美国向德国宣战，并派兵进入欧洲战场。吉列抓住机遇：以成本价格向军需品采购部门供应吉列安全剃须刀。于是，美国国防部便向每个士兵发了一把吉列安全剃须刀，并先后发给几十个吉列刀片，要求他们整肃自己的仪容，在欧洲大陆留下美好形象。

吉列的这一策略，可谓"一刀四雕"：一是大批美国士兵，与吉列安全剃须刀结下了不解之缘，其中很多人成了吉列的终身顾客；二是美国士兵客观上成了吉列安全剃须刀在欧洲市场的"义务宣传员"；三是生产批量增大，全部产品的成本大大下降；四是以成本价向美国士兵出售产品这一举措本身，受到美国各界的好评，这也是一次极好的提高知名度的宣传攻势。当年，吉列公司销售的剃须刀达到100多万把，售出刀片1.3亿片。

到了1920年，吉列公司的触角已经伸到全球，大约两千万人都在脸上"见识"了吉列。

1921年，"吉列"的专利权期限届满，也就意味着竞争的来临。果然，5年过后，竞争者出现了——它就是在全球行销"自动安全刮胡刀"的享利·盖斯曼（Henry Gaisman）。吉列剃须刀是用三根圆轴套住刀片上三个同样大小的圆洞来固定，新的"盖斯曼"刀片则带有设计更巧妙更牢固的套洞，不但可以套在这种新刮胡刀的圆轴上，而且可以套在吉列刮胡刀的圆轴上。

竞争者询问吉列，是否愿意购买他的发明专利权。

吉列一口回绝了。

于是，盖斯曼决定自己干。

于是，他拟订了推出Probak刮胡刀与刀片的计划。

吉列的反击措施是推出一种新型刮胡刀，刀片利用与刀片齐长的横条来固定（老式的洞还保留，以便维持消费者的念旧心理）。可是新的刀片却不能装在盖斯曼的刮胡刀具上。

与此同时，或是由于巧合或是由于工业间谍的结果，盖斯曼在吉列新设计的刮胡刀出现后的一周内，就把Probak专利刮胡刀改成横条固定式。盖斯曼经过退火处理后的刀锋，其质量似乎优于吉列，这让吉列匆匆忙忙也做退火处理后的刀片。

盖斯曼的销售额不断增加，侵占了吉列的市场占有率。

看看吉列如何应对。

吉列公司刚为了推出新型刮胡刀而把大笔资金投入机

具更新，销售却每况愈下。公司的投资报酬率迅速恶化。吉列公司的问题还不止这些，高级主管的薪水太高，广告费太高，厂房设施和研究发展都是最先进和最昂贵的。换言之，吉列公司的管理费用太高，并且不管销售额是多少，一直固定不变。因此，当销售额下坠时，每一把刮胡刀的利润也跟着下坠——急速下坠。

1930年末，自负的吉列同意用自己的股票购进盖斯曼公司，以免覆亡。然而，有位审计员查核过吉列公司的账簿之后，发现这家长期享有高利润的公司，已经到了濒临山穷水尽的地步。而在这项并购正式生效时，盖斯曼已经聚集了相当多的吉列公司的股票，完全取得这个往昔竞争对手的控制权。之后，盖斯曼的产品以及一套新的生产技术，取代了老吉列公司的产品和生产技术。吉列公司以前的管理班底也被放逐，吉列本人忙着清偿债务，并被迫放弃所持有的吉列公司股票。

1931年，在世界经济大萧条年代，金·C·吉列去世了。

吉列公司在金·C·吉列领导下，走过了30年的辉煌里程。遗憾的是，它在自己已经掌控的市场中，被一个小小的竞争者击溃。

30年之后，吉列公司竟然在"一个地方"摔了两次跟头。

20世纪50年代中期，吉列公司研究了一种高级蓝色刀片，费时5年，于1960年正式投入市场。高级蓝色刀片可以说是吉列公司的核心和最高级的产品，也是创利最大的产品，仅在1962年就获利约1500万美元，占公司利润总额的1/3多。不过这种刀片是用碳素钢制造的，虽薄而锋利，却不很耐用。

到了1920年，吉列公司的触角已经伸到全球，大约2000万人都在脸上『见识』了吉列。吉列公司在金·C·吉列领导下，走过了30年的辉煌里程。然而遗憾的是，它曾在自己已经掌控的市场中，被一个小小的竞争者击溃。

在1962年以前，吉列公司垄断了美国的剃须刀市场。在《幸福》杂志所列的美国500家最大工业公司的利润率中，吉列公司名列第四，但其投资回收率却高居首位。

吉列公司一派繁荣景象。

但是，吉列公司发展史上最大的危机也就在这片荣华之中悄悄孕育。

1961年，在剃须刀制造工艺领域内出现了一场具有划时代意义的革命。在这一年里，英国的威克逊公司在世界上第一次采用不锈钢制造剃须刀片获得成功，推出了人类有史以来第一个不锈钢剃须刀片。这种不锈钢剃须刀片具有许多突出的优点：极富弹性，不易折断，重量很轻等等。然而最重要的一点是它成本低廉，而且可以连续使用。

威尔逊公司的不锈钢剃须刀片的锋芒直指吉列公司碳素钢蓝色剃须刀片的弱点。

可是，吉列公司并没有察觉到自己的市场即将被割去一块的痛感。

威尔逊公司推出不锈钢剃须刀片后，销量直线上升，到1962年就完全占领了英国市场。

这个时候，在美国，有两个公司并没有睡觉，他们一直磨刀霍霍。这就是吉列公司的老对手——美国精锐公司和安全剃须刀公司——敏锐地洞察到这是一个千载难逢的大好机会，旋即于1963年年初把自己的不锈钢剃须刀片推向市场。一时间，不锈钢剃须刀片在美国市场上声名鹊起，很多吉列公司的忠实消费者也开始从"超级蓝光"碳钢剃须刀片转向不锈钢剃须刀片。

吉列公司这个时候才拉响了警报——市场地位已经被

不锈钢剃须刀片刮得越来越小。

此时，吉列有两种抉择：

其一，立即推出自己的不锈钢剃须刀片，这样可以使吉列重获已有的广大市场，并且用不了太多的促销费用。但这样做，将会对"超级蓝光"的市场造成强烈的冲击，甚至放弃"超级蓝光"，因而需要很大的决心和勇气。

其二，对不锈钢剃须刀片不予理会，调动一切手段，加强对"超级蓝光"碳钢剃须刀片的促销，以保住甚至扩大自己的市场份额。这样做对吉列公司来说，是轻车熟路，无需费太多气力，但这意味着它在不锈钢剃须刀片的市场上有可能陷入被动。

吉列公司决策者经过分析，认为"超级蓝光"碳钢剃须刀片与不锈钢剃须刀片相比，存在两方面的突出优势：

其一，"超级蓝光"碳钢剃须刀片质量优异，并且很稳定，而不锈钢剃须刀片刚刚面世，质量水平不敢保证；

其二，不锈钢剃须刀片的目标消费者是中等水平和低水平的收入者，而"超级蓝光"碳钢剃须刀片主要面向高消费者。

在经过这番分析后，他们认为：从长远看，碳钢剃须刀片将和不锈钢剃须刀片井水不犯河水。总之，"超级蓝光"的市场地位不可动摇。因此，犯不着"杞人忧天"。于是，他们最终采取了第二种决策，先不理睬不锈钢剃须刀片，全力巩固"超级蓝光"的市场地位。

事实果真像吉列公司分析的那样吗？

经调查发现，如果不锈钢剃须刀片能连续使用8次而刀口不钝，一般消费者就会选择不锈钢剃须刀片，而一般不锈钢剃须刀片的使用次数均在15次以上。由此，不锈钢剃须刀片的推广，将把碳钢剃须刀片的大部分顾客抢过去。

市场也在告诉吉列公司，他们先前的判断是一个极端错误的决策。

在吉列公司做出决策不久，事态的发展便急转直下，令吉列决策者们膛目结舌。不锈钢剃须刀片在市场上的销售势头空前凶猛。安全剃须刀公司和精锐公司充分利用吉列公司无动于衷的大好时机，投入巨额促销费用，大力宣传不锈钢剃须刀片的经久耐用，物美价廉，使不锈钢剃须刀片的销售不断升温。在强大的促销攻势下，吉列公司的新老顾客纷纷叛离。"超级蓝光"碳钢剃须刀片连连败北，市场份额降至有史以来的最低点。

至此，吉列公司的决策者们幡然醒悟。

吉列公司急速动员公司各级力量，1963年秋天推出了自己的不锈钢剃须刀片。

然而，亡羊补牢，为时太晚！

吉列公司推出不锈钢剃须刀片比精锐公司和安全剃须刀公司整整晚了6个月。就是这6个月，使吉列公司失去了进入市场的最佳时机。1963年和1964年，吉列公司的市场占有率从原来的70%降至55%；利润也下降了一成之多，投资报酬率从40%降到不足30%。

评述

吉列公司这个巨人被一个小孩子撂倒，够丢人的，何况这个小孩先前还曾腼腆地巴望着从这个大哥那里"逗"

点钱花。

所以说，在市场上，许多弱者都是后来给强者下了"绊儿"的。

大个子吉列被小个子盖斯曼摔倒，一方面说明，今天的成功，不意味着明天也能成功；而今天的矮小，更不能证明未来就长不大了。

成长离衰亡只差一步。

吉列公司栽在一个不起眼的小公司脚下，在为其惋惜的同时，更应该庆幸的是，许多新生力量的崛起，势不可挡。

在市场上，骄傲就是给自己掘坟。

虽然是小小的剃须刀片，上演的竞争却可以说是刀光剑影，血雨腥风。

企业做大了，最大的问题就是麻木。

而没有看到麻木，也就成了最大的问题。

吉列公司的盲目乐观让自己的"超级蓝光"在市场上发钝。

值得一提的是美国的精锐公司和安全剃须刀公司。他们没有在吉列公司的阴影下"苟且偷生"，而是随时准备出击，亮出自己的锋芒。他们抓到了机会，趁吉列公司不备，纵身一跃，完成了从弱者到强者的转换。这说明，市场是公平的，英雄的出现自有道理。

如今，几十年过去了，剃须刀片的市场仍然是龙争虎斗，但几经沉浮，吉列公司纵横四海，还是牢牢坐在霸主位置上。

但问一问过去的曾经的落败——他们忘记了吗？

他们不敢。

否则，吉列公司的刀片就不是在剃别人的胡子了。

而是在割自己的咽喉。

链接

1855年1月5日，金·C·吉列出生于美国芝加哥的一个小商人家庭。

1901年，金·C·吉列创办了吉利安全剃须刀公司。

1931年，吉列去世。

但是，吉列被世人称之为"世界上最有名气的脸"——吉列公司的徽标，却永远活了下来。

1968年，吉列剃刀片创下了1110亿枚"天文数字"的销售历史纪录。

1984年，吉列公司的营业额达27.2亿美元，并在五大洲的几十个国家和地区建有上百家工厂，生产近千种刀架和刀片，还有各种"用完即扔"产品；其销售市场已拓展到100多个国家和地区。

"股票大王"巴菲特在谈他为什么看好吉列股票时说："只要想一想，在你睡觉时，全世界大约有25亿男人的胡须在不断生长，你的感觉一定很舒服。"巴菲特对吉列股票情有独钟的理由，也正道出了当年吉列所开发的"用完即扔"产品的真正魅力所在、巨大贡献所在。

1996年，《幸福周刊》调查评选出"美国评价最好的公司"中，吉列公司排名第15位。

1997年10月5日，香港《明报》所评选的"20世纪消费备忘录"中，剃须刀和飞机、复印机、电视等被列为影响人类生活形态的18种产品之一。

1997年，英国《经济学家周刊》报道：在专门从事商标研究的商标界公司评选出"世界最有价值的十大商标"中，吉列位居第6位。

1999年6月，英国《金融时报》报道：国际品牌咨询公司所评估的"吉列"品牌价值为158.94亿美元，居世界最有价值品牌的第15位，高于"柯达"、"索尼"、"百事可乐"、"波音"等世界著名品牌的价值。

26. 提供"世界上最好的工作"

2009年年初，一条爆炸性招聘广告吸引了全世界的眼球：澳大利亚昆士兰州旅游局面向全球招聘大堡礁看护员——

招聘职位：澳大利亚昆士兰州汉密尔顿岛看护员。

工作时间：2009年7月1日至12月31日。

职位薪酬：15万澳元/半年。

申请条件：年满18周岁，英语沟通能力良好，热爱大自然，会游泳，勇于冒险尝试新事物。申请人需上网填好申请表，上传自制60秒英文短片，说明自己是该工作最适合人选的理由。

申请招募活动由1月中旬起至2月22日结束。

申请截止后，昆士兰州旅游局将挑选出10位最理想的人选，再加上1位由招募网站访客投票选出的"外卡"候选人，于5月初获邀前往大堡礁的部分群岛上进行面试，成功者将成为哈密尔顿岛看护员。

具体一点来说，看护员的主要工作是探索大堡礁各个岛屿，每周通过更新博客和网上相册、上传视频、接受媒体采访等方式，向昆士兰州旅游局以及全世界游客报告自己的探奇历程。看护员还要喂海龟、观鲸鱼，参与航空邮递服务，还有机会乘坐水上飞机从高空俯瞰大堡礁美景。另外，还有帆船航行、独木舟、浮潜、潜水、远足等多项活动需要看护员完成。

"世界上最好的工作"待遇相当了得：旅游局将为看护员提供一套拥有海景的"珍珠小屋"别墅。这座别墅配备3间宽敞的卧室、两间洗手间、全套设备的厨房、娱乐系统。另外，看护员还能享受私人泳池、景观水疗池、日光浴室、大观景阳台以及户外烧烤等设施，并能得到一辆小高尔夫球车，以便巡视全岛。另外，旅游局还将为看护员提供往返经济舱的机票，在汉密尔顿岛上的交通费，合同期内的旅游保险、电脑、上网服务、具有录影功能的数码相机，往返大堡礁各岛屿间的交通费用等。

大堡礁被誉为世界七大自然景观奇迹之一。能荣升"岛主"，终日与白沙、碧水、蓝天、绿树作伴，还会获得15万澳元（约70万元人民币）的薪水。何乐不为？

立刻，大堡礁成为人们关注的焦点：想获得工作的，当然要关注；想去旅游的，当然要关注；想看热闹的，当然要关注。

当然，大堡礁再一次成为一种"特殊的"景观。

历经数月层层选拔，澳大利亚昆士兰州旅游局5月6日公布了大堡礁护岛员的最终人选——来自英国的慈善基金募集人本·索萨尔击败3.4万名竞争者，获得了"世界上最好的工作"。

评述

大堡礁招聘护岛员耗时半年，从全球3.4万人中进行"海选"，真是兴师动众。很显然，昆士兰州旅游局一箭双雕，而醉翁之意不在"聘"。

大堡礁久负盛名，但随着海洋升温以及游客增多，大堡礁的珊瑚虫濒临灭绝，经过一段时间的休养生息，大堡礁生态环境得到了恢复，知名度却也今不如昔。汉密尔顿岛素有澳大利亚"大堡礁之星"的美誉，由于受到金融危机的冲击，旅客量大减。那么，能否通过一个精心策划的活动来推广其旅游产业呢？

能。

没有什么是不能的。

自广告发布之日起，大堡礁就占据着中外各种新闻媒体的重要位置，"世界上最好的工作"给大堡礁做了大量免费广告。昆士兰州旅游局以170万美元的低成本，收获了价值1.1亿美元的全球宣传效应，这才是美不胜收啊。毫不夸张地说，这次招聘活动将成为世界上最成功旅游品牌推广案例之一。

其实，招聘广告一出，一场全球的"公关活动"就已经是"秃子头上的虱子明摆着"了。如今，尘埃落定，确实值得说道说道。

就两点：

首先一点，精心策划和筹备。

有的说筹备一年，有的说"营销活动筹划了3年"。总之，是做了大量的工作。昆士兰州旅游局首席执行官安东

210

尼·海斯说："我们一向以开辟市场战略闻名，最好的工作海选是我们第一次真正意义上的全球活动。全世界对海选活动高度关注，为全球旅游市场营销开拓了一个全新领域。"海斯还说，这是一次别出心裁的市场战略，旨在提升大堡礁群岛在国际上的知名度。

其次一点，大借网络"疯狂"造势。

"世界上最好的工作"所有关键环节都在网上展开。昆士兰州旅游局从一开始就建立了活动网站，在全球各地的员工也纷纷登录各自国家的论坛、社区发帖，让消息在网友中"病毒式"扩散。此次活动的参赛规则是全世界任何人都可通过官方网站报名，"申请者必须制作一个英文求职视频，介绍自己为何是该职位的最佳人选，内容不可多于60秒，并将视频和一份简单填写的申请表上传至活动官方网站"。结果，许多人即使没有希望获得这份工作，也录制了一段视频"参与"一下，权当自娱自乐。官方网站的合作伙伴是Youtube，借助Youtube在全球的巨大影响，活动本身又得到了进一步的口碑和"病毒"传播。

高啊！

链接

2009年中新社广州9月16日电：广东大型龙头旅行社南湖国旅·西部假区16日在广州举行新闻发布会宣布，该社以年薪30万元向全球公开招聘一名"马尔代夫旅游亲善大使"，被招聘对象不论男女，不论年龄，不论国籍，但必须懂中文，会讲中国普通话。

马尔代夫是印度洋上的伊甸园，由26组珊瑚环礁、1200多个珊瑚岛屿组成，绵延长达900公里，"一岛一酒店"的概念让马尔代夫成为度假的"人间天堂"。

据主办方南湖国旅介绍，马尔代夫旅游亲善大使的工作非常有趣。作为亲善大使，虽然承担了建立两国旅游之间友谊桥梁的重任，但平时则是巡游马尔代夫梦幻岛、天堂岛、金多玛岛、圆月岛等各大知名海岛，发掘每个岛屿最好玩的一面，然后通过博客等网络途径全面呈现给广大游客。同时，迎接更多中国游客，带他们游玩马尔代夫，并亲身参与当地环保工作，向游客普及环保理念，共同保护这"最后的伊甸园"。另外，马尔代夫旅游亲善大使还将充当南湖国旅驻马尔代夫的旅游专家，在当地办公室特设咨询热线和咨询网站，以供游客出发前咨询马尔代夫的"吃、住、行、游、购、娱"等方面信息。

出席新闻发布会现场的马尔代夫驻北京大使馆大使阿哈迈德·拉帝夫先生表示，马尔代夫政府、旅游局将全力支持南湖国旅的"马尔代夫旅游亲善大使"招聘活动，希望借此活动，能引起全球对马尔代夫"消失"危机的高度关注，吸引更多人参与马尔代夫的环保工作，共同拯救这个面临"消失"危险的天堂岛。

如果对这则招聘广告只做一句评述，就是：如果没有年初澳大利亚昆士兰州旅游局面向全球招聘大堡礁看护员，它能吸引更多人的眼球。

为什么有句话人们总忘呢？

吃人嚼过的馍没有味道。

为什么呢？

27. 除了老婆和孩子不能变外，都要变

　　1910年，李秉哲出生在韩国汉城的一个殷实之家。李秉哲好读书，中学毕业后，又赴日本就读于早稻田大学。

　　1938年，28岁的李秉哲回国，创办三星商会，从事贸易和酿造业，开始了创业。李秉哲的创业之路极不平坦，直到1953年7月27日，朝鲜停战协定签订，三星公司才正式走上经营发展的大道。

　　李秉哲为三星公司制定了三星精神，也就是三星第一：品质第一，事事第一，利润第一。依靠其三星精神，又经过两代人的不懈努力，到了1993年，三星公司销售额达到513亿美元，居世界最大工业公司的第14位；利润额5.20亿美元，资产额505.9亿美元，是韩国经营门类最庞大、海外经营最具实力的大工业公司，还拥有韩国所有银行几乎一半的股权。

　　上面为什么提到1993年？

　　因为在1987年的时候，李秉哲与世长辞。李健熙出任三星集团会长，45岁的他决心继承父亲未竟的事业，率领三星人踏上新的征途。

6年的时间很快就过去了，在李健熙的带领下，三星公司耀眼夺目。

1993年对于三星公司来说，是改革之年。李健熙提出了一系列改革方案，被人称之为"三星新经营"。

李健熙在就职宣言中就提出"一定要成为世界超一流的企业"的目标，在平稳地度过了5年，完成了新老交替后，他开始为自己的诺言付诸实践了。

1993年2月18日，三星集团电子部门的副总经理以上干部得到通知：立即到李健熙会长那里开会。会议名为"电子部门出口商品现场比较与评价会议"。会上，一向沉默寡言的李健熙一反常态，侃侃而谈："诸位，你们知道我们的商品在这里是一种什么处境吗？到电子商场看一看吧，我们的产品摆在什么柜台上？在每个商店的角落里，不细心的顾客难以发现的地方！上面落满了灰尘！"他的声音有些颤抖了。

手下的人有点不敢与他的目光对视。

"在美国，一支高尔夫球棒卖到150—250美元，是我们三星13英寸彩电的价格！要知道，我们的彩电是由一千多个零部件组成的。一支好的高尔夫球棒在这里卖500美元，而我们27英寸的彩电才卖400美元。即使如此，我们的产品在这里仍然灰尘满面。请问，这样的产品还能贴上'SAM-SUNG'的商标摆在柜台吗？"

他怒吼了。

"如此生产，如此经营……你们意识到问题的严重性了吗？这是对股东，对18万三星人的欺骗！是对韩国国民和祖国的亵渎！"

这次会议整整开了8个小时。会后，又用了整整一天时间在商场就世界78种产品与三星电子产品逐一进行了比较和分析，从而使三星人切实地认识到其电子产品在世界上所处的位置。

6月7日，李健熙又发表了一个独特的主张，他明确地要求管理层和员工：

"除了老婆和孩子不能变外，其他一切都要变。"

三星公司的变革波澜壮阔。

公司里任人唯贤，每年都有近百名怀揣MBA背景的年轻人被提拔为高级主管。鼓励创新，尊重员工个性，有才能的员工感受到了工作的快乐。最值得一提的是，李健熙大力将公司建成网络化、扁平式企业，实现内部管理的科学化。在三星公司，决策和实施过程公开、透明，各种信息由下而上，通过网络广泛传递，管理层和被管理层积极参与，最基层员工都可以直接通过电子邮件向总裁提建议。

三星公司的管理革命让许多人看不懂了，就送给三星公司一个"最不像韩国企业的企业"称号。

当亚洲金融危机袭来之时，人们知道了三星公司的未雨绸缪是多么的明智。

金融危机来临时，三星公司一开始也陷入了混乱之中，但企业和员工适应能力显然强于韩国其他企业。如在裁员问题上，三星公司几乎没有碰到任何阻力，很多员工平静地接受了被裁减的事实。1997—1999年两年时间里，三星公司231个企业进行了产权调整，多达1.5万名员工变更了隶属关系，员工总数减少了32%，从1997年的16.7万人减少到1999年11.3万人。

李健熙非常感谢离开的那些员工曾经对三星公司的付出。他告诫留下来的人，只有加倍努力，才无愧于那些在三星公司危机的时刻"支持"企业的人。

三星公司在裁员的问题上风平浪静，让李健熙更加应对有方，金融危机一发生，他指挥三星公司大量出售存货，积极回收应收账款，甚至不惜变卖了19亿美元的资产，放弃了无线寻呼机、洗碗机等16个利润过低的产品，此举使三星公司现金收入大增，也使得债务降到了正常的50%，资产结构明显改善，三星公司实现了最初的解冻。

这个时候，李健熙更显大家风范。在危机中没有回避危机，而是在危机中对三星公司的产业结构进行大刀阔斧的调整，大做"减法"，将原来的65个公司减少到40个，着重发展4个核心领域中的3个：电子、金融和贸易，其他业务全部被清理。1999年，三星公司毅然将汽车项目出售给雷诺公司，仅此一项就损失几十亿美元。这在韩国引起不小的轰动，三星公司这种壮士断臂的举动充分表明了其专注与核心产业发展的决心。

金融危机前，韩国大集团的排名位置：现代第一，三星第二，大宇第三，LG第四。现在，四大集团发生明显分化，其中三星、大宇更是走上了截然不同的两条道路：三星公司扶摇直上，成为韩国金融复苏和经济振兴的典范，而大宇企业却负债累累，资不低债，大宇神话一去不复返。

评述

企业越是顺利，企业家越是能在这个"平静"的表层下面看到问题。

李健熙的话让人想到了中国的一个企业家任正非。他在《华为的冬天》里有句话："华为经过的太平时间太长了，在和平时期升的官太多了，这也许会构成我们的灾难。泰坦尼克号也是在一片欢呼声中出的海。"

这可以说是对大多数中国的民营企业都适用的经典论断。

对危机意识的灌输，除了要有针对性，还要掌握好时机。

就拿华为公司来说，危机意识是写进了《华为公司基本法》的，也贯穿了任正非先生的《华为的红旗到底能打多久》、《活下去，是企业的硬道理》等，这几篇文章不论在华为内部，还是业界，都有反响，但"冬天已经不远了"的警告只是到了全球业界和几个跨国公司的辉煌如泥委地的时刻，人们才真正感受到了寒流正经过头顶。

李健熙早就预感到危机就在眼前，所以他带领三星公司储备了过冬的食粮和棉袄。因此，三星公司才能显示出当金融危机袭来之时的镇定，应该说是他们未雨绸缪的结果。

一个企业家还要敢于对比。

李健熙拿"美国一支好的高尔夫球棒卖500美元，而三星27英寸的彩电才卖400美元"这个残酷的现实，让员工们照镜子，发现自身不足，认识到三星公司的核心竞争力的"软弱"。

没有对比看不到差距。

没有对比就失去导向。

不管怎么说，自己端详自己总是愿意和喜欢看美丽的地方，丑陋之处常常视而不见，即使看到了，也尽可能地遮掩。

对比是无情的，站在同一地平线上，高低立竿见影。

回避"对比"大体有两种情形：一种不屑，则盲目乐观，唯我独尊；一种不敢，便甘拜下风，自卑委琐。两种情形的结果是一样的：没有进步。

应该说，对比是超越的开始。

危机意识——企业家的使命使然。

企业家的责任就是带领企业远离危机。

正视危机是走出危机的前提。

香港有一本杂志，曾对世界各大企业的经理作过问卷调查，问大企业老总"自我感觉很好、有困难还是危机"，结果没有一个是非常良好，不是问题就是危机。这表明这些大企业还是很兴旺的，因为危机意识已经成为企业生存与发展的动力。

没有任何企业、企业家、企业员工可以回避：

20多年前的美国500强现在只剩下50%。

国外大企业寿命平均不到40年，只是人寿命的一半。

中国的民营企业平均寿命没有超过5年。

还有，世界上中小企业倒闭的超过新创立的……

企业家还必须有牺牲精神。

李健熙曾被批评为一个"失败的管理者"。当时甚至有一些偏激的观察家指责李健熙自从1987年接替他的父亲李秉哲成为三星总裁之后"一事无成"。但是当三星公司因为经营不佳的汽车公司面临困境的时候，李健熙却贡献出20亿美元的个人资产，借以承担投资失败的责任。1999年，《财富》杂志称赞李健熙是"仅有的、有强烈愿望为错误的投资决策承担责任的首席执行官"。

28．奔驰：态度也是服务

1918年底，第一次世界大战结束以后，战争的阴影还没有完全散去，又出现了世界性经济危机。通货膨胀导致汽车市场疲软，奔驰和戴姆勒两家汽车制造厂相互争夺疲软之中的汽车市场，两败俱伤。此时，采用流水线生产的价廉物美的美国福特T型车大量开进德国——奔驰和戴姆勒两家公司均处于危机之中。

1926年5月，卡尔·奔驰（Carl Benz）专程拜访了戈特利布·戴姆勒（Gottlieb Daimler），这促成"奔驰发动机制造厂"与"戴姆勒马达制造厂"两家公司的握手。6月，戴姆勒—奔驰股份公司宣告成立（中译名简称为奔驰公司）。

此时，奔驰82岁，戴姆勒92岁，两个老人的握手希望联手打造一个新生的公司。

不久，两位老人离开了公司，但在合并之初，奔驰的经营创新才华，与戴姆勒的对技术质量精益求精的执著精神，得到了完美的结合。他们不但为公司奠定了很好的生产基础、技术基础与人才基础，还为公司贡献了令世人赞叹的无价之宝：绝无仅有的"三服务"经营战略。

半个多世纪过去了，奔驰公司就靠这"三服务"走过来的。

不是吹牛——"保你满意的产前服务"——你说吧，要什么车?

奔驰车有140多个品种3700多种型号，任何不同的需要都能得以满足。

1973年，奔驰推出的"奔驰—梅赛德斯的450SEL6.9"型高级轿车，获得市场好评。之后，又先后推出奔驰-400型、奔驰-600型高级轿车。尤其是奔驰-600型高级轿车，所做的广告是："如果有人发现奔驰车发生故障、中途抛锚，我们将赠送你1万美金。"这既是奔驰的"质量宣言"，又是给予顾客的最大保障。

这"无处不在的售后服务"也不是空话。奔驰的一条经营原则就是：售前的承诺和奉承不如售后无微不至、无处不在的完善服务。因此奔驰的顾客们似乎都有一个共同的感受：驾驶奔驰毫无后顾之忧。

在德国，奔驰设有1700多个维修站，雇有5.6万人做保养和修理工作，在公路上平均不到25公里就可找到一家奔驰维修站。国外的维修站点也很多：全欧洲有2700多个，全世界有5000多个；国内外搞服务工作的人数与生产车间的职工人数大体相等。服务项目从急送零件到以电子计算机开展的咨询服务等，甚为广泛。奔驰一般每行驶7500公里需要换机油一次；行驶1.5万公里需检修一次……这些服务项目都在当天完成。如果车辆在途中发生意外故障，开车的人只要就近向维修站打个电话，维修站立刻就会派人来修理或把车辆拉到附近不远处的维修站去修理。

至于说"领导潮流的创新服务"，奔驰就更名不虚传了。

说了半天，还是讲一个真实的故事吧。

一个年轻人来到奔驰。"我想买一辆小轿车。"他说的很简单。销售员带领年轻人参观了陈列厅里的100多种型号的小轿车。然后征求他的意见。

年轻人问："还有没有其他颜色的车？"

销售员吃了一惊："先生，这几十种颜色的都没有你中意的吗？"

年轻人失望地点了点头："我想要一辆灰底黑边的轿车。"

销售员不得不失望地告诉他，现在没有这种车。这个年轻人，也太挑剔了！没有想到，这件事很快被经理知道了。他非但对那个年轻人没有意见，反倒对已经很热心的销售员十分生气了："像这样做生意，只会让公司关门歇业。"他要求必须找到那位想买"奔驰"而未买成的年轻人。经理告诉员工，"让人家两天以后来取车。"

年轻人再次来的时候，果然看到了"希望"的车。不过他还是不满意："这辆车不是我想要的规格。"

这次接待他的是公司销售部的主任。他面对此景也不免不快了，暗想：这人怎么如此不近人情？偌大一个奔驰公司，专门为他生产出一辆车来，他竟然不满意！不过，他仍然不动声色，没有将心中的想法显露出来，而是耐心地问："先生想要什么规格的，我们一定满足您的要求。"

年轻人说出了他想要的规格，还把车型、样式等详细描述了一遍。销售主任一一记录下来，然后告诉年轻人，

不是吹牛——『保你满意的产前服务』——你说吧，要什么车？

『如果有人发现奔驰车发生故障、中途抛锚，我们将赠送你一万美金。』这既是奔驰的『质量宣言』，又是给予顾客的最大保障。

三天之后到公司提车。

三天之后，年轻人又来了。看到自己想要的车已摆在眼前，自然非常高兴。不过，开着车试跑一圈后，他对销售主任说："要是能给汽车安个收音机就好了，那样开车的时候还可以欣赏动听的音乐。"

第二次接待他的销售主任对这一要求显然有些吃惊。因为当时汽车收音机刚刚问世，应用不多，很多人认为汽车按上收音机容易导致车祸。销售主任谨慎地问："先生很想安一个吗？"

年轻人坚定地点点头。

销售主任犹豫片刻之后说："先生下午来取可以吗？"

这个时候，年轻人显得有点不安了。因为毕竟麻烦人家几次了。但想到能在汽车上听收音机的诱惑，他还是点了点头。

顾客点头了，奔驰就没有不点头的道理。

年轻人终于买到了他中意的车。临走时，他对销售主任说："感谢您的热情。我想有您这种态度，贵公司肯定会赚大钱。"

这就是奔驰重视销售服务、重视顾客需要的一个典型表现。

奔驰还建立了订购制度，来满足千差万别的顾客提出的各种特殊要求，如：汽车的色彩、规格、座椅式样、空调设备、音响设备乃至保险式车门的钥匙款式等等。在生产车间内，未成型的汽车都挂有一块牌子，上面写着顾客的姓名、车辆的型号、式样、色彩、规格及特殊要求等。在生产过程中，这些要求由电子计算机向流水线发出指令，以生产出合乎要求的汽车，令顾客满意地驾车离去。

评述

奔驰真了不起！

奔驰的服务是金！

奔驰永远能够奔驰下去！

把赞美的词句都送给奔驰，许多人是没有意见的。

但在这里，是不是应该感谢一下那个挑别的年轻人？

如果不是他对自己生活质量的认真追求，如果不是他敢于在奔驰面前说"不"，奔驰能这样吗？

有的时候，是消费者的追求"成全"了企业的卓越。

如果俺是奔驰老板，那辆车就不要钱了。

即使收，也就收个成本费吧。

也许，是站着说话不嫌腰疼吧。

链接

1844年，卡尔·本茨，出生于德国的一个火车司机的家庭，上过技术学校，做过钳工，后来，在曼海姆市开办了一家小型机械修理厂。

1879年，他研制出世界上最早的空气压缩点火发动机，并以此为基础于1883年10月1日建立了奔驰发动机厂。

1885年，奔驰终于造出世界上第一辆汽车（单缸水冷立式发动机，排量985CC，功率0.75马力，最高车速12英里/时），这辆世界上第一辆汽车至今陈列在慕尼黑的"德意志博物馆"。该车采用一台单缸0.9马力的汽油发动机，且具备了现代汽车的一些基本特点，如火花塞点火，用底盘承载汽车的重量，能够改变速度，用方向盘掌握方向等……并于1886年1月29日获得汽车制造专利（注册号：37435，专利人为奔驰公司），这一天被公认为世界首辆汽车诞生日。

1834年，戈特利布·戴姆勒出生于德国堪斯塔特镇的一个面包师的家庭，他从小就对机械有着特殊的兴趣。后来，他曾学过枪支制造，担任过当时德国颇有名气的道伊茨机械公司的技术主管。1882年，他辞去了道伊茨公司的工作，专心致志地研究小型、高速四冲程引擎，并于两年后研制成功能够快速运转的内燃发动机，并很快获得了专利证书。1885年，他将这台发动机安装在一辆两轮车（类似于自行车）上做实验并获得成功。因为是"两轮车"，所以便有人将它称之为世界上的第一辆摩托车。翌年，他又买来一辆四轮马年，将他的发动机安装在这辆马车上，结果以每小时18公里的速度从斯图加特行驶到堪斯塔特，戴姆勒汽车宣告诞生。1890年，他创建了自己的"戴姆勒马达制造厂"。

1897年，戴姆勒公司开始成批生产"凤凰"牌小汽车；1900年，戴姆勒又成功地研制出了速度更快的轿车，起名为"梅赛德斯"（有说这是戴姆勒女儿的名字，也有说是一位向他购车的赛车手的女儿的名字），经过一段时间的改进与完善后投入生产。由于梅赛德斯车的质量较好，戴姆勒公司慢慢地超过了奔驰公司。

1926年6月，奔驰与戴姆勒将两家企业合并，联手成立"戴姆勒－奔驰股份公司"（一般简称为奔驰公司）。

奔驰的安全、节能、耐力与速度，享誉世界。

1988年，三家世界范围的独立调查公司联手进行了一项全球调查，得出"世界影响最大的十大品牌"，奔驰位列第三，而在同业中它是"世界第一车"。

1993年度，奔驰的销售额为591.02亿美元，位列世界最大工业企业的第10名，是德国最大的工业公司。

1998年，奔驰公司与美国的克莱斯勒汽车公司合并，销售额达1546.15亿美元，是仅次于通用汽车的世界第二大企业。

29. 尼亚加拉，不只有瀑布

在"百度"搜索一下"尼亚加拉"，有关大瀑布的信息也如瀑布一般——扑面而来，绵绵不绝。

尼亚加拉瀑布（Niagara Falls），印第安语意为"雷神之水"，是世界第一大跨国瀑布，世界七大奇景之一。尼亚加拉河蜿蜒而曲折，全长仅56公里，上接海拔174米的伊利湖，下注海拔75米的安大略湖，这99米的落差，使水流湍急，加上两湖之间横亘一道石灰岩断崖，水量丰富的尼亚加拉河经此，骤然陡落，水势澎湃，声震如雷。瀑布的河水从高处的伊利湖流入安大略湖，湖水经过河床绝壁上的小岛，分隔成两部分，分别流入美国和加拿大。从加拿大这边看，一大一小两个瀑布，比从美国方向看起来更壮阔、漂亮。大瀑布因其外表形成一个马蹄状而称马蹄瀑布。马蹄瀑布长约675米，落差56米，水声震耳欲聋，水汽浩瀚而高耸。当阳光灿烂时，大瀑布的水花便会升起一道七色彩虹。冬天时，瀑布表面会结一层薄薄的冰，那时，瀑布便会寂静下来。小瀑布因其极为宽广细致，很像一层新娘的婚纱，又称婚纱瀑布。婚纱瀑布长约320米，落差58米。由于湖底是凹凸不平的岩石，因此水流呈漩涡状落下，与垂直而下的大瀑布大异其趣。

尼亚加拉，不只有瀑布。

新大陆被发现之前，尼亚加拉瀑布一直不为西方人所知。1678年，法国传教士路易斯·亨尼平（Louis Hennepin）来到这里传教，发现了它"不可思议的美"，记下了所见所闻，并介绍给了欧洲。于是，法国皇帝拿破仑的兄弟吉罗姆·波拿巴，带着他的新娘从新奥尔良搭乘马车来到这里度蜜月。回到欧洲后，他在皇族中大肆宣扬，尼亚加拉瀑布声名鹊起，欧洲也兴起了到尼亚加拉度蜜月的风气，并成为一种时尚。

时至今日，尼亚加拉已经成为举行闻名的蜜月之城。每年来此旅游的游人中，情侣、恋人不计其数。素有"蜜月首都"雅称的两座瀑布城，旅馆服务都是一流的，适应结婚、蜜月、家庭度假需要的各种服务业也是雨后春笋，生机勃勃，生意颇为红火。

传说300年前，居住当地的印第安人震慑于自然的威力，于每年收获季节时选一天，集合全村少女，酋长站立中央，引弓对天放箭，箭尖下落，离哪位少女最近，这一少女即被选为代表，被送上独木舟，舟中装满谷物水果，从上游顺着激流冲下，坠入飞瀑中。于是，人们都说尼亚加拉瀑布的雾气，便是少女的化身……"雾中少女"号游船，日复一日，年复一年地引领游客与瀑布亲密接触。

尼亚加拉，不只有瀑布。

2007年10月30日，尼亚加拉瀑布再次成为热点。原来，美国政府部门最近在一个旅游宣传片中"鹊巢鸠占"，把著

名地标尼亚加拉大瀑布属于加拿大领土部分的霍斯舒瀑布
"据为己有",引起外交风波。这部宣传片《Welcome： Po-
traits of America》由美国国务院和国土安全部策划,由迪士
尼公司拍摄,片长约7分钟,播放至4分钟左右,观众可欣
赏到尼亚加拉大瀑布汩汩流水的画面,但片中所见的霍斯
舒瀑布,是一个完全坐落于加拿大领土内的瀑布。这一片
段除了惹起美国"侵吞"加拿大领土的疑云外,还涉及
"欺诈"成分。片段中的霍斯舒瀑布是在加拿大安大略省内
拍摄的,游客根本不能在美国那边欣赏到片段中瀑布的美
景。片段中的霍斯舒瀑布虽然亮相短短几秒,已经激怒了
加拿大人……美国国务院发言人马上出来解释,"两国共
享尼亚加拉大瀑布,美国能与加拿大分享这个天然胜景,
是多么的自豪"。

迪士尼公司真的跑到加拿大那边拍摄了"美国这边的
瀑布"吗?

谁知道这是不是又一场故意引起的"风波",以期吸引
人们的眼球。

其实,为了一个尼亚加拉瀑布——这块风水宝地,美、
加(当时属英国)两国曾于1812年至1814年间进行了一场
激烈的战争。最终,两国签订了一项"协定",规定尼亚加
拉河为两国共同拥有,主航道中心线为两国的边界线。后
来,两国在瀑布两侧各建一个叫做尼亚加拉瀑布城的姊妹
城,一个隶属于加拿大的安大略省,另一个隶属于美国的
纽约州,两城隔河相望,由彩虹桥连接,桥中央飘扬着美
国、加拿大和联合国的旗帜,星条旗在南,枫叶旗在北,
联合国旗居中。两国在此不设一兵一卒,人们自由往来,

无需办理过境手续。

尼亚加拉，不只有瀑布。

在美国瀑布景点展览馆，常年放映电影宣传片，这些片子在宣传保护瀑布及周边环境的同时，还讲述了从上世纪初美国人挑战尼亚加拉瀑布的故事。有这样一个故事：1901年，密执安州63岁的女教师安妮·泰勒将自己装进一个木桶里，从瀑布上冲下来，希望为学校集资，她和自己的小猫毫发无伤，可也没获得多少资助。如今，木桶的仿制品在大瀑布博物馆里展出，每年被几百万人抚摸。从1901年起，尼亚加拉瀑布就成了勇敢者冒险的天堂，曾有16人试图征服尼亚加拉瀑布，尽管都采取了保护措施，但只有10人生还。1901年，安尼·泰勒坐木桶滑下瀑布，成为生还第一人。

1953年，美国导演亨利·哈撒韦以尼亚加拉瀑布为故事背景拍摄了一部悬疑片《尼亚加拉》，讲述了一对来度蜜月的夫妻所经历的一场错综复杂的谋杀案。影片中绝美的大瀑布加上玛丽莲·梦露的撩人身姿，使影迷们如痴如醉。玛丽莲·梦露也凭借此片，一举奠定了她在影坛上最闪亮新星的地位，其凌波仙子般的轻盈步态甚至被命名为"梦露步态"。电影《尼亚加拉》中，男主角乔治的这段开场白，道出了人们在面对尼亚加拉瀑布时最为深刻也最为无奈的感悟："这个大自然的伟大造物，让人们在面对它的壮美的同时，也在面对自己的渺小和软弱，能与之媲美的，似乎只有我们同样无法掌控的人生。"听着这话，再想想1962年8月4日，梦露死在位于洛杉矶的公寓里，人是多么的"渺小与软弱"。

　　2004年，美国文坛上一位成就显赫的女作家乔伊斯·卡罗尔·欧茨，推出了又一部力作《大瀑布》，被评论为"这是迄今为止她最好的作品——也是一部代表作"。小说以尼亚加拉瀑布为背景：女主人公阿丽娅刚过完新婚之夜，就发现丈夫失踪了，原来丈夫由于同性恋倾向，在婚后不到24小时就奔赴大瀑布投水自尽了，可怜的阿丽娅因此成了著名的大瀑布寡妇新娘。雄伟的尼亚加拉瀑布不仅作为自然奇观为小说提供了绚丽的背景，更与小说的主题，人物的命运，情节的发展密切相关，从而具有丰富内涵的原型象征意义。

　　此《大瀑布》，不是彼大瀑布。但阅读文学，又怎能不让人对真实的瀑布"想入非非"。文学的《大瀑布》与现实的大瀑布，相互映衬，又是一道迷人的风景线。

　　……在尼亚加拉，不只有瀑布。正因为如此，这个大自然的景观，才让来此的人们流连忘返，让不曾到此的人们心驰神往。

　　但，如果仅仅把它视作一个旅游景观，已经够完美的了。

评述

　　上面的文字是关乎一个旅游品牌的，又不全是。因为其中有历史、有传说、有战争、有电影、有文学、有"近似玩笑的错误"。

　　也正如此，一个自然景观才可以成为人们心中的梦想。

　　据统计，发达国家每人每天平均要遭遇1500次广告，远远超过了一个正常人的接受能力。因此，如何通过整合营销让人们对一个品牌的关注，而且是持续的关注，具有战略意义。

尼亚加拉瀑布的管理者做得非常到位。因为大瀑布已经放到那里了，搬不走的，但围绕着大瀑布的故事，层出不穷，美不胜收，口口相传。于是，借助于故事、传说、小说、电影、包括"错误"，不时引起一代又一代人对此的极大关注——非常重要。

旅游品牌的打造首先就是自然景观要好；第二要做足宣传，而借助有影响力的名人是一个事半功倍的办法；第三要有好的开发意识，需要有长远规划，更需要不同的利益主体之间精诚协作。

上面所言的要点，再围绕着尼亚加拉瀑布来看，美、加两国的合作与策划恰到好处。

尼亚加拉瀑布看上去似乎有着无尽的生命，其实不然。科学家在17世纪就已发现，平均每年后退1.02米，落差也在逐渐减小，照此下去，再过5万年左右，瀑布将完全消失。为了挽救尼亚加拉瀑布，20世纪50年代以来，美、加两国政府耗费巨资采取了控制水流、用混凝土加固崖壁等措施，取得了良好的效果，瀑布后退速度控制在每年不到3厘米。

为了让游客更好地观看尼亚加拉瀑布的全景，美、加两国的境内错落有致地设有四座高大的瞭望塔，三个在加拿大境内，一个在美国境内。

美、加两国在河的两岸还各建一个码头，配备4艘游船，每艘能载客数百人，其中"雾中少女"（Maidofthe

Mist）号游船最为有名。自1846年开始，这艘游船便日复一日、年复一年地引领游客与瀑布亲密接触。"雾中少女"的乘船码头在美国瀑布的正面，购票后先乘坐缆车到河边，然后每人领取一件雨衣。游船先经过美国瀑布，然后开往加拿大瀑布，在这里可以真切地感受到瀑布狂泻直下而产生的巨大水汽与浪花，水势汹涌犹如千军万马，惊心动魄。

尼亚加拉瀑布公园还开设了直升机和热气球的游览项目，游客可以搭乘直升机或热气球从空中俯瞰大瀑布的壮丽景色，从几百米上空俯视伊利湖水倾注到安大略湖。这时，大瀑布不再是一个单一的景点，它和湖、河、山、峡融为一体。而夜观大瀑布则是另一番景象。当夜幕降临之际，瀑布水色渐显灰黯，此时围绕着瀑布周围的巨型聚光灯，突然齐放光彩，使原已灰黯的瀑布，顿时大放异彩，变得晶莹透彻，熠熠生辉。随着灯光颜色的变换，水色由白转为浅红，由浅红转为浅蓝，由浅蓝转为翠绿，五彩缤纷，多姿奇丽，迷离神奇，真的如1678年那个叫路易斯·亨尼平的法国传教士所描述的人间仙境了。

尼亚加拉瀑布的所在地是一个人口10多万的小城，城市以瀑布为名，叫"尼亚加拉瀑布市"。到尼亚加拉瀑布来游玩的人很多，这个城市就靠旅游业而发达起来，高速公路四通八达，到处都是餐馆旅店，售卖纪念品的商店更是数不清。尼亚加拉瀑布市有四多：餐馆多、旅馆多、博物馆多、销售纪念品的商店多……这些都满足了人们来此逗留的各种需要。

链 接

加拿大的尼亚加拉瀑布高级总监Joel Noden先生，是国际瀑布界有名的经营专家。2005年8月15日，他曾就尼亚加拉瀑布和中国的黄果树瀑布，有过一次很有建设性的谈话。

Joel Noden说，尼亚加拉瀑布是世界第一大瀑布，它选择黄果树作为姊妹瀑布，不仅仅是因为中加人民的友好关系，也不仅仅因为它是亚洲第一大瀑布，还因为它和尼亚加拉瀑布有很好的互补性。黄果树是崇山峻岭中的瀑布，周边的自然风光非常美丽，一切都是自然的。这与尼亚加拉很不同。Joel Noden说，自然是黄果树开拓市场的最大优势。因此，黄果树要尽自己最大的可能保持瀑布及周边环境的自然、清洁。

对黄果树瀑布水滩中不时看见的杂生的水草，Joel Noden说，这些是不应该让游客看见的，管理方应该及时清理，如果黄果树没有了洁净，它也就失去了市场的竞争力。一个成熟而具有世界竞争力的景区和公园，应该有着十分幽雅的景区内环境和与之相匹配的外环境。

面对中国一些景区纷纷提高门票价钱，Joel Noden说，这与尼亚加拉的发展经验背道而驰。尼亚加拉瀑布在120年前走的就是黄果树目前的发展路子，门票是瀑布景点最主要的支柱收入，但是120年过去了，今天尼亚加拉已经不是一个简单的瀑布景观了，它更多地突出以瀑布景观为主的其他公园性的设施和功能，门票的概念已经完全从这里抹去，停车业、餐饮业、娱乐业、酒店业才是瀑布公园的主要收入来源，由于综合功能作用的发挥，尼亚加拉瀑布每年上交政府的税收是1400万美元，每年的游客达到1400多万人，可以说每一个来玩的游人，有1美元是给了政府。这种发展思路带动了其他产业的发展。尼亚加拉拥有近12000个旅馆，包括汽车旅馆与450间饭店，还有3个大型购物中心及7个专门的购物区。同时，向游客提供40个以上的高尔夫球场，30个以上的私人露营地。于是，度假、度蜜月、承办会议成为尼亚加拉的特色。对很多人来说，尼亚加拉是世界上最宽的瀑布，可对大部分家庭来说，那里是一个他们能消费得起的主题公园。

Joel Noden认为，尼亚加拉的发展经验对黄果树有启示性的作用。黄果树应该努力改善自己的硬件条件，给游客提供最好的、却不是最昂贵的餐饮、住宿和购物服务，使更多的家庭能够在景区消费，使更多的游客能在景区留下来。这也许会给景区带来超过门票的收益。

30. 对所有的顾客负责

1982年9月29日到10月1日，美国芝加哥地区有七人由于吃了含氰化物污染物的泰尔诺胶囊而死于非命。

各大媒体都在显赫位置报道了这件事情。

生产泰尔诺产品的企业个个危在旦夕。

仅仅三天时间，生产泰尔诺的美国强生公司的销售额直线下降了87%。公众恐惧地把每个可疑死亡事件都认为是氰化物毒杀（共计250起可疑之死及伤病），报道的影响和可疑的死亡导致强生公司的股票市值下降了20%（约为19亿美元）。

"我保证这起事件不是我们的责任。"

"我也能保证。但我们公司的理念是：顾客和公众的利益至上。所以我们有责任。"

员工们的议论是正确的。

强生公司马上采取行动：全部收回了试验样本，回收销毁了3100万瓶泰尔诺胶囊。

一个"危机七人管理小组"每天在首席执行官办公室集中两次。"60分钟"的应急小组拍摄下了在会议上这个团队的整个过程。首席执行官本人也在主要的电视台上露了面。

最终，强生公司又花了3亿多美元，来推销其重新包装的"三层密封抗损坏"胶囊。五个月之后，强生公司恢复了危机前的70%的市场份额。

据统计，强生公司做了2500多家媒体咨询和125000份相关主题的剪报，检验了大约800万粒药片，仅发现75片含有氰化物。强生公司还检验和销毁了2200万瓶泰尔诺，其成本超过1亿美元，整个处理危机的管理成本为5亿美元。

评述

常有一些不可预料的突发事情发生。

当企业没有危机管理计划时，对顾客和公众的关怀是危机管理成功的关键。

强生公司在没有完整的危机管理计划的不利情况下，还能制胜的关键在于强生公司的迅速反应。1.回收了所有产品（零地区策略）；2.保证了迅速通知所有潜在的消费者。通过零地区策略（从所有地区运走所有相关产品）和大量的沟通努力（警告可能的产品污染），强生公司阻止了问题的进一步升级。

那么，强生公司又是怎样进行危机管理行动的呢？

泰尔诺胶囊含有有毒物质，因此，强生公司设计了不污染的产品包装。此举，提高了公司的良好形象。

但没有想到，1986年冬天，纽约市的一位妇女也因服了这种含氰化污染物的胶囊而身亡。强生公司立刻决定，对其柜台上出售的所有药品不再使用胶囊包装，采用塑料封装的片剂形式。这样做的成本是很高的，大约耗费了1.5亿美元用于回收胶囊，重新组织生产过程以及新包装药片的促销。

强生公司在两次处理危机事件中无疑是一个赢家。可不可以归纳出5个主要因素：

1. 保持交流渠道的畅通；

2. 采取果断、正确的措施；

3. 守信于产品；

4. 不惜成本维护其公众形象；

5. 放开手脚重塑品牌。

链接

1886年，罗伯特·伍德·强生创立强生公司。当时，他就为公司确定了以"减轻病痛"为理想目标。到了1908年，他把这个目标扩大成企业哲学，把服务顾客和关心员工放在股东报酬之前。

1935年，小罗伯特·强生在他的一篇文章中，再度声明这些精神："服务顾客是第一位的……服务员工和经营层其次……服务股东最后。"

1943年，他把服务社区加在名单里（仍然放在服务股东之前），并且把强生的理念归纳在《我们的信念》里，印在老式的羊皮纸上，采用和美国独立宣言相同的文字体例。下面是《我们的信念》全文：

我们认为我们的首要责任是对医生、护士、医院、母亲和所有使用我们产品的人负责。

我们的产品必须始终维持最高的品质。

我们必须不断致力于降低这些产品的成本。

我们的订单必须迅速而精确地完成。

我们的经销商必须赚取公平的利润。

我们的第二个责任是对和我们一起工作的同仁——对在我们的工厂和办公室里工作的男士女士负责。

他们在工作上必须有安全感。

工资必须公平而适当，管理层公正，工时合理，工作状况整洁有序。

员工应该有一个有组织的建议和申请制度。

监督人员和部门主管必须合格，心态必须公平。

够格的人必须有晋升的机会，在考核一个人时必须以每个人的尊严和品德状况为根据。

我们的第三个责任是对我们的经营层负责。

我们的经理人必须有才能、受过教育、有经验和有能力。

必须是具备常识、能为他人着想的人。

我们的第四个责任是对我们所在的社区负责。

我们必须是个好公民——支持良好的工作和慈善事业，而且依法纳税。

我们有幸使用的房产必须维持良好的状态。

我们必须提倡改善市政，提倡卫生、教育和

清廉的政府，并且让社区熟悉我们的活动。

我们的第五即最后一个责任，是对股东负责。

企业必须赚取相当利润。

必须保障准备金，必须进行研究，开发有冒险精神的项目，支付犯错的代价。

必须为逆境预作准备，支付税款，购买新机器，建筑新厂房，推出新产品，开发新的销售计划。

我们必须实验新的构想。

我们尽到这一切责任后，股东们应该得到公平的报偿。

我们决心在慈善的上帝的协助下，尽我们最大的力量完成这些义务。

这是小罗伯特·强生1943年写就的第一份关于信念的文字。

20世纪80年代初期，CEO吉姆·勃克说："我估计，我当CEO期间40%的时间是用来和公司上下沟通这一信念。"

现在，强生在50个国家拥有200多家子公司，并在180个国家和地区销售产品。

31. 万宝路：20年风雨换来
"西部牛仔"畅销路

第一次世界大战结束了，硝烟不再弥漫，但阴影并未消散。

西方世界的"人道、和平、博爱"的价值观被残酷的战争击得粉碎。很多人在精神上没有了出路，心情沮丧，醉生梦死，逃避现实。这种情况在20世纪20年代的美国，尤显突出。大批青年尤其是女性，整天叼着香烟，招摇过市。然而，以往只供男人享用的粗大的雪茄，劲力很猛，太"冲"，女人们难以享受，怨言不断。

菲利普·莫里斯公司认定这是一个难得的机会，决定生产一种专供女士享用的香烟——万宝路。

他们说干就干。一时间，在各种广播、杂志、报纸上，叼着万宝路的俏丽女士频频出现：她们吞云吐雾，怡然自得。

看着大把大把的广告费在女人的嘴上缭绕，大家很是担心。

"你们看着吧，用不了一年，万宝路肯定会打开市场，财源也就会滚滚而来的。"公司高管乐观地安慰大家。

一年过去了，10年过去了，甚至20年也过去了，人们心目中的热销场面始终未曾出现。这期间，万宝路也几经更换包装；广告中的脂粉佳人制作得更加靓丽，但不知为什么，烟民们始终反应淡漠。

万宝路的质量不过关吗？

不。万宝路在制作过程中，从选料到加工，始终严把质量关，选取优质烟草，精心处理，这才生产出高品位的万宝路。

万宝路定价过高吗？

不。在美国的香烟市场上，万宝路的价格对于大多数烟民来说，都是可以接受的。

万宝路广告做得还不够吗？

不。菲利普·莫里斯公司每年投入大量的资金用于宣传，在业界已属高位。

20年来，菲利普·莫里斯公司的人们不停地进行着讨论。

20年过去了，烟雾弥漫的讨论终于见到了曙光。

一天，一名主管突然惊叫道："不会是我们的广告定位出了问题吧？"

经过研究，菲利普·莫里斯公司决定聘请著名的利奥—伯内特广告策划公司解决广告定位的问题。

"在最短的时间内重新进行广告定位，变换目标消费者。"

利奥—伯内特公司提出的这个建议，意味着原来已使用了20多年的广告弃之不用，另行策划新广告。在原来的广告上，菲利普·莫里斯公司倾注了大量心血，突然放弃还

利奥—伯内特公司在一个偏僻的牧场中找到了一个『最赋有男子汉气质』的牛仔。这则广告于1954年问世。一推出就在美国国内引起了烟民们狂热的躁动。他们争相购买万宝路，或叼在嘴上，或夹在指间，模仿牛仔硬汉的风格。

真有点难舍难分。但为了公司的长远发展，菲利普·莫里斯公司全权委托利奥—伯内特公司负责实施新的广告宣传战。

利奥—伯内特公司经过精心策划，推出了一个大胆崭新的广告创意：以赋有阳刚之气的美国男子汉形象来代替原来的俏丽女士；原来的广告语也停止使用。

利奥—伯内特公司煞费苦心地选择广告原型，有马车夫、农夫、猎手等等，最后在一个偏僻的牧场中找到了一个"最赋有男子汉气质"的牛仔。经过简单润饰，以他为原型，拍出了现在常见的万宝路广告片。

这则广告于1954年问世。它推出后不久，就在美国国内引起了烟民们狂热的躁动。他们争相购买万宝路，或叨在嘴上，或夹在指间，模仿牛仔硬汉的风格。

自此，万宝路的销售额呈直线上升。仅广告推出一年时间，销量提高了3倍，一举成为全美第十大香烟品牌。

1968年，万宝路的市场占有率又升至全美第二位。

如今，万宝路的牛仔硬汉形象，已经深入人心。

评述

万宝路——20年销路不畅，让人深思。

在竞争激烈的市场上，企业遇到的困难，尤其处于"胶着状态"，真有点摸不着头脑了。像万宝路——从质量"追究"到价格，再到广告宣传，20年就这样过去了。企业有几个20年，万宝路真有"抻头"，要是一般企业，早就烟消云散了。

没有思路，就没有出路。

很多时候，企业在许多方面都是对的，只是思路不对，一条路走到黑了，碰得头破血流。因此，企业要学会"换位思考"，重新判断，在新的思维状态下，做出新的决策。

这也说明，决策不是一成不变的。曾经是有效的决策，现在可能不再适用。而再高明的决策，也要依据变化了的形势、环境进行修正和调整，以使决策更能适应新的形势。

万宝路还有一个遗憾的地方，就是没有及时搞"头脑风暴"。大家早在一起"瞎呛呛"，办法也不至于拖到20年后才找到出路。

32. "吝啬"中崛起的家居帝国

上个世纪50年代的某年某月某日，既偶然又必然的一个日子。

一位年轻的瑞典人又慕名来到意大利的米兰，参观家具博览会。与往年一样，他看到的是最豪华、最昂贵，也最时尚的家具。他在展厅里浏览着，也思考着一个问题：这些家具都摆进了什么样的家庭？

夜晚降临，他决定到这里的普通人家去看看。

他看到了什么？

这些普通人家的家具陈列，都是些廉价、甚至有些丑陋的家居装饰。

过去了许多年，他回忆起这个晚上，感叹道："我所看到的一切让我震惊……灰暗、沉重的家具；笨重的餐桌上方悬着一盏孤独的白炽灯。博览会上的高雅与那些人家里的情景简直是天壤之别。"

那个夜晚，他失眠了。他扪心自问：如果人们买不起，再好的设计又有什么用？于是，他做出了一个决定：不完全放弃设计，但必须使设计服从于生产。

他回到瑞典，向他的企业发出了命令："造型不只是可观的，而是从一开始就能被便宜地生产出来。"

这个人，就是宜家的创始人——英格瓦·坎普拉德。

英格瓦·坎普拉德的这句话后来演变成宜家的"民主设计"理念。

一个企业的创始人，决定了一个企业的信仰和气质。

1926年，英格瓦·坎普拉德生于瑞典首都斯德哥尔摩南部一个叫艾姆赫特的农场。他自小就表现出卓越的经商天才，有着"一箱子"的商业天分——他祖母给他的。在他5岁的时候，他就开始通过卖火柴赚钱了。11岁那年，他做成了一笔大买卖，成功地卖掉了一批花种，用赚来的钱买了赛车和打字机，以后更是迷上了销售。他上高中时，床底下放了一个纸箱，塞满了他的货物：皮带、皮夹子、手表、钢笔……一直以来，祖母是他每个产品的第一个顾客。祖母去世时，她有一只箱子，里面放满了多年来从孙子那里买来的各种小东西。

1943年，他17岁了，父亲对儿子十分了解，决定送给他一份特殊的毕业礼物，就是帮助他创建自己的公司。就这样，宜家——IKEA——诞生了："I"代表英格瓦；"K"代表坎普拉德；"E"代表艾姆赫特农场，他的出生地；"A"是农场所在村庄的名字——阿根纳瑞德。

1946年，宜家开始在当地的报纸上刊登广告，影响力越来越大，但坎普拉德不满足只限于本地市场。

如何让众多的顾客看到宜家，认识宜家？

一天，坎普拉德把目光锁定在了当地人司空见惯的收奶车上——这不正是拓宽销售渠道、树立品牌的流动广告

吗？瑞典属于北欧，每日清晨，乳品公司的收奶车便络绎
不绝地穿过空旷的原野，绕过稀疏的树木草丛，到散布各
处的农场农户家中去收购牛奶。

坎普拉德决定：就利用这个现成的渠道，把宜家与顾
客联系起来——通过收奶车，宜家又逐步建立起了独特的
邮购销售网络，开始了第一步扩张。

1951年，坎普拉德通过一本名叫"IKEA News"的小册
子，进行家具的广告推销。这就是现在宜家产品目录的前
身。直到1963年，坎普拉德一直自己写所有的条目。他印
制了数量庞大的小册子，随着收奶车散发到各个街市、集
镇、乡村。

坎普拉德为他的家具命名又是一个创举。为家具取名
字等于赋予每一样家具独特的个性，似乎让它们有了自己
的生命。这个饶有创意的做法非常吸引人，因为人们可以
选择符合自己实际或梦想中的生活形态的家具。而且，有
名字的家具比一长串的编号容易记忆，也使得顾客订购家
具变得轻松、愉快。邮购目录上清晰地标明了商品名称、
规格、特色和单价，以及送货时间，购买者只要填写好所
需商品名称和件数，就会在指定的时间里送货到门。宜家
的销售市场一下子跨出了小镇，顺着铁路线向四周伸展。

1953年，宜家的家具展示中心出师告捷。人们在展示
中心自由走动，随便触摸，亲身测试想要购买的家具，而
且有着充分的思考和选择空间。人们兴奋异常。因为传统
的模式就是——他们必须为无法在购买前"碰触"到的家
具付出高价。

1955年，宜家开始自行设计家具，"平板包装"成为

产品的设计核心。这样不仅可以避免运送途中造成损坏，也大大降低了运输成本。

这个时候的宜家完成了内功的修炼，开始将触角伸向国外。宜家没有急于行动，而是先把瑞典森林中最有特色的麋鹿制成玩具，免费散发到希望打入的国家和地区，而且还赠送圣诞树。每棵圣诞树上都毫无例外地挂上一只毛茸茸的麋鹿。"麋鹿"在某些国家和地区，甚至成了宜家的代称——"麋鹿战术"为宜家进军世界立下了汗马功劳。

坎普拉德没有多少文化，缺少审美观，也不时尚，在企业管理过程中，更是讨厌高谈阔论，而是靠讲故事，把一些道理浅白地表述出来。他的话几乎都是大白话，生动形象，入木三分。

有一次，坎普拉德在斯德哥尔摩的宜家旗舰店发现，中午的时候，顾客饿了，只好离开卖场在周围餐馆就餐。他就想：能不能在店内开辟一块价位适中的餐点吧区，把顾客留在店里。

答案是肯定的。

那么如何表达自己的这个创意呢？

坎普拉德只用了一句话："肚子空空的时候做不成买卖。"

于是，宜家一些肚子不饿的人又有了新的构想：在结账的出口处还要有一个小餐吧，以发挥让顾客在采购之后可以冷静下来的效果。

没错。

妙！

坎普拉德还想出一个点子：在小餐吧出售热狗——5克

宜家最难让竞争对手模仿、而且也无法模仿的，就是宜家有英格瓦·坎普拉德。所以有人说，打败宜家的最好策略，就是等。

朗一个的热狗——宜家的热狗只要一个铜板就可以买到。在瑞士，一个热狗是一瑞士法郎，在德国是一欧元，在新加坡是一个半的新币，在中国，才3块钱人民币，而在其他地方，类似的产品差不多要10块。一个小小的热狗完满地体现出了宜家的"热狗原理"：不仅仅是价格比别家的低，而且还低了很多。

敏锐的洞察力是坎普拉德的特质之一，尤其是对消费心理的揣摩。他希望在宜家购物是一种愉快而没有压力的享受。他珍惜时间，却可以花上7个多小时，坐火车前往法国，在车厢里不断地询问乘客对宜家的看法，目的就是了解消费者的需求。对于他而言，赚钱，不管赚多少，就只是赚钱而已；顾客的满意才是最重要的。

顾客的满意才是最重要的——为了达到这一点，宜家的研发体系采取一种独特的做法：首先确定价格，即设计师在设计产品之前，宜家就已经为该产品设定了比较低的销售价格，然后再反过来寻求能够以该售价以下的成本价制作出产品，从而把低成本与高效率合为一体。

坎普拉德风格中的突出特征就是"节俭"。当然，有人也把这一风格戏说为"吝啬"，说白了就是"抠门"。

假如有一个重要会议召开了，需要宜家的经理人参加，可以坐头等舱吗？

答案当然是否定的。

因为坎普拉德的回答就是："在宜家，没有头等舱。"

直到今天，即使是宜家最高层的经理们都坐经济舱。

坎普拉德一点都"不像一个家具界的国王"。他乘飞机时坐经济舱、搭火车时坐次等座，经常在折扣商店买东西，还挑关门的前一刻去买，为的是"再便宜一点"。他住的旅馆即使蟑螂到处爬，洗澡洗到一半就没水了也不在意。对他而言，有地方可以栖身就够了，再破旧也没关系。

他曾说"如果他改变生活形态，变得比较奢侈，那么他所建立的王国就会倒下，因为宜家所赖以生存的根基就是低价战略"。很明显，坎普拉德希望宜家的每一个员工都能化节俭为利润。

在宜家位于瑞典南部赫尔辛堡的办公室，墙上有一个标语"Killa-Watt"非常醒目。"Killa-Watt"就是省一点。这种节俭策略不仅形成了一种习惯，更是形成了一种工作态度和解决方法。例如，宜家的经理到中国东北林区访问时，他们发现有大量的白桦树树干尖堆放在林地上，这些是林区没用的东西，但宜家却没有放弃"无用的东西"，他们将这些材料制成了各款家居。

坎普拉德太太对丈夫"抠门"的习惯深感厌倦，因为他常常标榜这句话："我已经习惯了在对方就要起身离开之际问一句：能否再便宜一点？"

能否再便宜一点——这是每一个购买者普遍的心理。

能否再舒服一点？

能否再舒心一点？

别小看了这"一点"，如果商家满足了这"一点"，顾客就是"点"水之恩当涌泉相报了。

宜家放弃了销售员贴身顾客的销售方式，而是采取销售员咨询、店内展示的自助式服务。宜家没有太多的服务人员，却总是提醒顾客"多看一眼标签：在标签上您会看到购买指南、保养方法、价格"。再有，宜家擅长设立样板间，陈列相关的产品，顾客不需要设计师的协助，就可以想象各种家具摆放在一起的样子。宜家鼓励顾客在卖场"拉开抽屉，打开柜门，在地毯上走走，或者试一试床和沙发是否坚固。这样，你会发现在宜家沙发上休息有多么舒服了"。

在中国，人们逛商场最担心的就是内急了，找不到洗手间。在北京宜家，一进卖场，左侧就是洗手间，真是急顾客之所急。

听听，这次他又说了："不应该由一个满涨的膀胱，来决定买或不买。"

从他嘴里吐出的每一星唾沫，恐怕都与"买与不买"有关系。

2002年夏天，《金融时报》记者安东·诺茨在瑞士的洛桑度假时，偶然与他见过一面，这样描述他——像老友一样和蔼可亲，有点怪癖；穿着后裤袋上沾了油污的浅蓝色棉布裤子，条纹衬衣的领子告诉人们，这显然是上世纪的样式。

这个穿着"上世纪的样式"的条纹衬衣的人，让宜家走在家具王国的前面。

评述

一位品牌战略咨询专家认为："宜家的战略定位是自助式家具服务商，而这个与众不同的定位是宜家的核心所在，定位一旦确定就很难被竞争对手模仿，单独模仿其中一个环节都是徒劳的。"

256

不错。但宜家最难让竞争对手模仿、而且也无法模仿的，就是宜家有英格瓦·坎普拉德。所以有人说，打败宜家的最好策略，就是等。言外之意，就是等到坎普拉德百年之后。这话不无道理，因为许多企业一旦创始人离开了，企业的核心价值观等，都被带到棺材里去了。

其实，上面故事的核心意义就是：

一、企业家对自己要吝啬吝啬再吝啬。

二、企业家对顾客要大方大方再大方。

如果一个企业家时刻把顾客的冷暖放在心上，反过来，顾客也会把自己的钱包放在他的产品上。这才是真正意义上的礼尚往来。

既然说到企业家的吝啬，不妨多说说这个坎普拉德。坎普拉德是个非常情绪化的人，他说这个世界上没有人比他笑得多，也没有人比他哭得多。成为一个大男人之后，他还是经常哭的。他的这种情绪化大概源于他的基因，他祖父和叔叔都是自杀的。有人分析，他的这种不安全感，让他极度节俭，并且总是为最坏的事情作准备。

在公司最兴旺的时候，坎普拉德会让员工做"战争演习"。他自己买东西总是在快下班的时候，因为可以打折。他给一个亿万富翁的朋友寄圣诞卡，用的是前一年剩下的。他在不同的国家间移民并为公司建立了极为复杂的财务结构，为的是避税，他不仅避过了个人所得税，也成功地把公司的税赋从40％降到15％。有关坎普拉德的吝啬，宜家员工早就有口皆碑，公司里口口相传他经常把餐馆的一次性餐具带回家使用，他们半嗔半贬地称其为"顽固性节俭症"。时至今日，他开的仍然是一辆老掉牙的沃尔沃老爷车，每次出行之前总要带着老花镜在网上恶狠狠地搜索，直到找出最便宜、折扣最大的航班为止。

坎普拉德对节俭的偏好近乎偏执。

1978年，坎普拉德退休，定居瑞士。一家人初来瑞士时，艾普林格斯镇政府本以为迎来一位大财神，多次暗示他能像邻居——车王舒马赫——那样捐建一座运动场或者一座幼儿园，但是他们没有想到这位家具大亨不仅一毛不拔，还经常"忘掉"主动报税。

哈哈。

这种"装傻"千万别效法。

因为，有点丢人了。

链接

英格瓦·坎普拉德是一个富有传奇色彩的人物。他一方面对商业具有一种天生的热衷和敏锐；另一方面并不具备深厚的文化艺术底蕴，对时尚毫无概念，甚至连审美观都不合格。然而，他对事业的执着追求，对目标的坚定不移以及永不止息的工作热情，不得不令人心生敬意。他超强的人格魅力和敏锐的商业嗅觉成就了如今的宜家，缔造了商界一个伟大的财富神话。

坎普拉德尽管缔造了一个家具王国的神话，但他本人却不是神。

15岁的时候，他加入了当地的"极右翼"极端组织，成为骇人听闻的"希特勒少年"。当他离开大森林来到海德堡商学院时，立即成为一个政治狂——他选择的政治领袖是当时的纳粹组织"新瑞典运动"政党主席珀·英格达尔。坎普拉德深得这个臭名昭著的反犹分子的赏识，很快成为他的私人助手，不仅负责为他读报，而且帮助他起草"新瑞典运动"的纲领《政治教育》。

时过境迁。

坎普拉德处心积虑掩饰15岁至25岁这段不光彩经历长达35年，但真相还是在1994年秋天被媒体揭露，掀起轩然大波。

一个宜家的忠实客户给坎普拉德写信："我是坐在宜家生产的书桌上给你写这封信，想起这个书桌的制造商是一个喊着'哈伊，希特勒'行举手礼的纳粹分子，我真是恶心极了。"

瑞典《快报》甚至呼吁国际特别法庭对他进行追加审判。

"纳粹事件"的直接后果是宜家的产品销售降到冰点，宜家成为"不干净"的家具。

坎普拉德不得不站出来声泪俱下地致歉，承认"那是我生命中感到后悔的一部分"。

"纳粹事件"给坎普拉德和宜家带来的打击超乎想象，成为坎普拉德生命中永远抹不掉的一团污垢。自那以后，习惯深居简出的他更是闭门不出，"每次出门我总感觉一些奇怪的眼神刺疼我的后背，无论我穿多么厚重的衣服"。

坎普拉德在瑞士的艾普林格斯庄园原本就坐落在785米高的山腰上，那年冬天，他借口防风，让人给古堡砌起一道围墙，一直围了11年，直到2005年方才拆除。

2007年圣诞节下午，瑞士洛桑小镇艾普林格斯唯一一家购物中心快要打烊了，第一天上班的理货员罗森莎正在整理被顾客翻乱的货物，身材娇小的她吃力地举着一沓免洗桌布要放回货架最高一层，这时，一双长满老人斑的大手从罗森莎身后伸过来，帮她完成了工作。罗森莎连声致谢，老人接受了她的谢意，挽着白发苍苍的妻子消失在货架中间，留给罗森莎一个衰老的微笑。第二天，洛桑最大的日报《二十四小时》刊发了一组"隐居在洛桑的世界富豪"图片，罗森莎才吃惊地发现，帮助过他的老人竟然就是全球最大的家具生产商宜家的老板，而此时，全球媒体才知道坎普拉德真正的隐居地原来在瑞士的艾普林格斯。

事实上，这个时候81岁的宜家老板已经在洛桑隐居了30年，他在这里完成了自传《一个家具商的遗嘱》……

33. 从1868年开始的雀巢

1866年，佩奇兄弟在瑞士的查姆索开设的一家炼乳厂——盎格鲁·瑞士炼乳公司。一年以后，瑞士的一个不太出名的化学试剂师亨利·内斯特尔在维威城开设了一家专为婴儿制造乳制品的工厂。

20年过去了，也许是两个公司的创始人志趣相投吧，1905年把两家公司合并了，于是世界上就诞生了雀巢公司。那么说到"雀巢"这个名称，还得回到1868年。

亨利·内斯特尔在产品名称的旁边加上了一个鸟巢来点缀。实际上，内斯特尔（Nestle）是法国的姓氏，但在法文中却没有和内斯特尔（Nestle）联系的双关语。不过内斯特尔（Nestle）却可以和德语的鸟巢（Nest）联想在一起，于是以"鸟巢"为商标。目的是让大家联想到内斯特尔（Nestle）与鸟巢（Nest）的关系，再想到鸟巢，也就想到婴儿食品——结果产品非常受欢迎。

内斯特尔在1868年将婴儿奶粉推上市场后不久，即以"鸟巢"为注册商标。1869年，生意上的伙伴劝他拿掉鸟巢而代之以瑞士国旗，这样产品也许在瑞士更好销售。但是内斯特尔对鸟巢商标的永久性价值非常有信心，他显得很倔强，坚决不放弃。

内斯特尔为什么这么"任性"呢？

有些人认为"鸟巢"可能是内斯特尔家族的家徽。也有人认为，内斯特尔（Nestle）这个法国姓氏，可能来自于德国，是制造和销售皮绳、皮带的家族。这个家族曾经出现了很多有名学者，其渊源是较低阶层的贵族。亨利·内斯特尔19岁从德国的法兰克福移居到瑞士，在瑞士取得了平民的身份。

其实，内斯特尔的家徽不是"鸟巢"，而是"带子"。他既没有用家徽，也没有用国旗做商标，而坚持用蕴含家庭温暖的鸟巢做商标。中国人将Nest（德语）译成"雀巢"，"雀巢"当然比"鸟巢"更贴切。雀巢商标的命名使雀巢奶粉同样在中国的消费者心中留下深刻的印象。雀巢的创始人亨利·内斯特尔也真不愧为"雀巢先生"。

雀巢的商标，在19世纪新开发的巧克力商品上也曾使用过，后来成为雀巢公司产品的统一商标。而在产品上冠上"Nest"命名方式只是在20世纪30年代。雀巢咖啡这个名称的使用，可以说为雀巢公司带来了幸运，如果说不是创始人亨利·内斯特尔坚持使用"雀巢"，就可能不会有"雀巢咖啡"这个商品名称。并且，如果在1905年合并盎格鲁·瑞士炼乳公司时，舍弃那个"鸟巢"，那么也不会产生雀巢咖啡这个商品名称。

评述

　　为产品起个好名，是件不容易的事，而在这个名字里能够融入企业良好的文化渊源和特质，其"力量"是不可低估的。"滴滴香浓，意犹未尽"配之以可爱的鸟巢，是那么的温馨浪漫，一种雅致高贵的情调从芬芳的咖啡中漫溢而来，那是理想的家的感觉和氛围。在现代社会激烈竞争环境中，一杯雀巢，带给人的是默默的关怀和体贴。

　　有谁不愿意为这种体验而消费呢。

34. 本田："金字塔"与"升降机"的二重奏

20世纪的五六十年代，日本摩托车市场竞争异常激烈。这个时候，居霸主地位的是东菱公司。本田宗一郎和他的团队加大油门，奋起直追，本田公司在摩托车市场上终于赶上并超过了东菱公司。

本田宗一郎靠的是什么呢？

本田宗一郎有两个制胜法宝，一是搭建了"金字塔式领导体制"；一是乘着"升降机式领导方式"。

本田宗一郎依靠"金字塔"：从"金字塔"塔基的工人起，往上是车间主任、科室领导，直至总经理（会长）、董事长。作为董事长，本田处于"金字塔"塔尖地位：一是居高临下，直接"俯瞰"整个企业的运转情况。

然后，他乘着"升降机"：一下子沉到企业底层，观察、研究决策实施效果和新出现的问题；再乘着"升降机"逐层上升：车间、科室……每一层都不放过，亲眼目睹某项工作和政策的实施情况，听取意见。

他乘着"升降机"回到"塔尖"后，再以双重视角来体察这一切——纵看横看，上看下看，既是普通工人或车间主任，又是经理、董事长，之后再做出新的决策。

"金字塔"的金，在于塔基的员工。宗一郎用"慈爱主义"来浇灌这个塔基。在本田公司，员工们所得到的报酬是日本汽车业最高的。公司还为员工配备廉价住宅，安排度假，提供收费低廉的医疗保健。在本田公司，员工拥有公司股权的10%以上。为了让塔基牢固，宗一郎想方设法将年轻力量充实进来，其员工平均年龄是24.5岁，远比"三菱"的34岁和"日产"的30岁年轻。为了让"金字塔"傲然屹立，本田公司的员工在35岁的时候，大多升任主管或成为技术骨干了，而在日本其他公司，则要等到45岁左右。

有了坚实的塔基，宗一郎的"升降机"，才能发挥效用。

当时，在摩托车世界称雄的是英国厂商。宗一郎便到英国去考察，购买技术设备。1954年，当他看到英国生产的250毫升36马力摩托车的"飞行"时，惊叹不已。因为本田公司生产的只是250毫升13马力的摩托车——只算得上是一种动力自行车。回国后，他坐着"升降机"沉到"塔基"，征求员工的意见，同他们一起将国内外摩托车反复进行对比，找出问题的症结所在。经过多年的不懈努力，1958年8月终于推出了本田C—100型"超级小狼"摩托车，很快便风靡世界。在1959年的摩托车世界大赛上，该车荣获"制作奖"；在1961年的世界大赛上，该车一举囊括了前5名。

本田摩托车成了世界摩托车市场上的优秀品牌，一度曾独占世界1/4的摩托车市场。在国内，本田领先的地位越来越明显，60年代前期的市场占有率上升到44%，成为不可动摇的"霸主"——1968年时摩托车产量累计突破了1000万辆。本田公司的前进速度，使得东菱公司的市场占有率不断下降，亏损额却不断上升，不得不于1964年2月宣告破产。垄断世界摩托车市场后，宗一郎又依靠他的"升降机"，向汽车行业进军。1963年，本田公司生产出第一批汽车。但60年代后期，日本汽车业市场极不景气，一片混乱。当时，外国资本大举涌入日本，日本经济受到严重影响，许多势单力薄的汽车制造商纷纷寻找大厂合并。本田公司在这种情况下进入汽车市场，带有很大的冒险性。这一回，宗一郎又坐着"升降机"沉到"塔基"，与公司的中层主管和基层的技术骨干，共同商讨本田汽车的出路所在。他深信，只要找准适合于自己独特的发展路子，而不是跟在老牌汽车公司的后面亦步亦趋，就一定能够发挥出本田的优势，后来居上。

宗一郎终于带领"本田人"找到了自己的发展路子。1972年，本田公司成功地研制出排气量低于日本政府公布的关于排放废气规定值的低公害汽车——"西别克CVCC"，给世界汽车业界带来震动。许多著名的厂商，包括丰田、福特、克莱斯勒等这些世界汽车业界的老大，纷纷屈尊购买该项技术。不久，"石油危机"爆发了，本田汽车的新式引擎由于最省汽油，因而深受广大消费者的青睐。

1980年底，美国机械工程师学会将一枚荷利（HOL-LEY）奖章颁赠给本田宗一郎。他是继亨利·福特后世界上第二个荣获该项殊荣的汽车工程师。

评述

本田宗一郎的"金字塔式领导体制"和"升降机式领导方式",一点也不神秘。

"金字塔"不过是"以人为本"的人力资源激励战略,只是本田宗一郎将"塔基"夯得更实,让"塔尖"更辉煌。

"升降机"也不过是走"群众路线"。杰克·韦尔奇后来搞的"群策群力"与其都是一样的东西。也不过是本田宗一郎真的是"能升能降",而韦尔奇也真的能够"深潜"。

经营管理大师与众不同的功夫说来非常简单——将许多别人用过的东西用得更好,而已。

链接

1907年,本田宗一郎出生于日本名古屋滨松小镇的一个世代务农的家庭。上小学的宗一郎,喜欢到父亲开的车行帮忙。在这里,他看到了福特T型汽车,这引起了他的极大兴趣。

小学毕业后,宗一郎应聘于东京"技术商会"修车行。6年后,他返回滨松镇开办起"技术商会滨松支店"。此间,他发明了用铁制车轮辐条代替木制辐条获得专利,并受到汽车业界的好评。

1934年,宗一郎创办主要生产活塞环的"东海精密机械公司"。 1945年日本战败,公司也遭战火毁坏。

二战后,宗一郎不甘于再生产活塞环这类小配件。不久，他通过黑市买到500只发电机用的小引擎，将其安装在自行车上。这种改装的自行车——原始的"本田摩托车"大受欢迎，被一抢而空。宗一郎看准行情，毅然于1947年打出"本田技研工业株式会社"的牌子，正式生产摩托车。他很快研制出的适用于摩托车和自行车的"小狼牌"内燃机引擎，并很快占领了日本市场。随之，本田摩托车也逐步发达起来。

1951年，本田公司创日本摩托车生产新纪录。

1961年，在世界摩托车大赛中，本田公司击败众多强手夺得冠军，一举确立其在世界摩托车市场的领先地位，成为世界最大的摩托车厂商。

1962年，本田公司开始进军汽车市场。

1972年，本田公司研制出低公害汽车给社会带来了福音，以至丰田、福特、克莱斯勒等公司都纷纷购买它的技术。

1973年，爆发世界石油危机，本田公司成为世界少有的销售额、利润额双增长的汽车企业，并一举超过了东洋工业、三菱汽车等国内外的一批汽车企业。

20世纪90年代初，作为二战后创办的日本最大工业企业，本田公司不仅称霸世界摩托车市场，还称雄于世界汽车市场，在海外的投资仅次于日产汽车而居日本工业公司的第2位。

35. 美国西南航空：11次赢得"三重皇冠"

1992年前后，美国各大航空公司总共亏损了20亿美元，连续三年的赤字总计达到了灾难性的80亿美元。三大航空公司：环球航空公司、大陆航空公司和美国西部航空公司——都在第11破产条款下运作，其他航空公司也在排队"急着"进入它们的行列。而1993年度的统计数字尤其给人留下深刻印象，这是因为像德尔塔航空公司、美国航空公司和联合航空公司在此期间都出现大量亏损。

但是，有一家航空公司做到了青云直上。

当然是西南航空公司。

1992年，西南航空的销售额增长率高达25%，保持盈利。而在西南航空22年的经营中，除最初两年外，年年盈利。当其他航空公司挣扎在破产线上，解雇司乘人员和机械师，关闭某些航线时，西南航空却在大张旗鼓地推进它的增长计划：购买更多的飞机；开辟新航线；招聘新人员。

西南航空最突出的成功标志是它的高效率。因此，它赢得了11次美国运输部颁发的"三重皇冠"奖——最佳正点率、最佳飞行安全记录和最少投诉次数。

在美国，没有哪家航空公司赢得过这种荣誉。

为什么是西南航空公司？

许多人都这样问。

答案是因为西南航空有个赫伯·凯勒尔——这个才华横溢的首席执行官采取了低价、紧缩性的管理方式，找到了一个具有战略意义的机遇之窗。

来吧，认识一下——赫伯·凯勒尔。

凯勒尔在新泽西州长大。他先后毕业于Wesleyan大学及纽约大学法学院。1961年，他来到圣安东尼奥，在那里，他的岳父帮他成立了一个律师事务所。1968年，他和一些投资者出资56万美元创立了西南航空公司，其中，凯勒尔出资两万美元。

在最初的几年中，凯勒尔是这个新成立公司的总法律顾问和董事。尽管他没有管理经验，但他的升迁比飞机飞的还要快：1978年被选为董事长，1981年成为首席执行官——他成为这家航空公司中最显眼的人物。

凯勒尔敢想敢干，开始在公司的大多数商业电视广告中抛头露面。

它的竞争对手，美国西部航空公司看不惯了，指责西南航空的一些广告，认为它们的乘客会因为乘坐在简陋的飞机而感到窘迫。

于是，凯勒尔头顶一个皮包又出现在电视广告中。他承诺：向所有乘坐西南航空班机而感到窘迫的人赠送这种皮包，为的是用来装"所有因为乘坐我们的飞机而省下来的钱"。

凯勒尔是个不甘寂寞的人。他喜欢讲故事，而自己经常又是故事中的笑料，而且许多是实际生活中发生的笑话。

他承认自己有时有一点注意力不够集中。

他的办公室很是杂乱，还放着一些陶制的野生火鸡。

他一天通常要吸五包烟。

他将自己的一架737飞机涂抹成杀人鲸的样子，以此庆贺圣安东尼奥海底世界的开幕。

他自己就够闹的了，在一次航班上，还让乘务人员扮成驯鹿和妖精的模样，同时让飞行员一边通过扩音器唱圣诞颂歌，一边轻轻晃动着飞机向前开去。

"西南航空的凯勒尔是一个真正的疯子！"Braniff航空公司的市场部经理托马斯·J·沃尔兹这样说道，"但是，谁又能对他的成功说些什么？"

凯勒尔试图使西南航空成为一个愉快的工作场所。他常和员工们无拘无束地闲谈，他们叫他"赫伯大叔"。他常参加设在达拉斯的公司总部的周末晚会，鼓励乘务人员扮演的滑稽小丑，以及像击鼓传令这样的小游戏。于是，乘务员在复活节的晚会上穿着小兔服装，在感恩节上穿着火鸡服装，在圣诞节戴着驯鹿角……凯勒尔自己经常穿着小丑套装或小精灵戏装扮演各种角色。

凯勒尔疯狂得像个大活宝。

最有意思的是，他为那些长袜上露出最大"破绽"的乘客给予奖励。

想想看吧，他的这项奖励会在万里蓝天上产生怎样的笑料。

别说，凯勒尔的"花样百出"挺有效的，乘客们感到旅途愉快，下次还选乘西南航空；员工们很辛苦，却毫无

凯勒尔让乘务人员扮成驯鹿和妖精的模样，同时让飞行员一边通过扩音器唱圣诞颂歌，一边轻轻晃动着飞机向前开去。『西南航空的凯勒尔是一个真正的疯子！』Braniff 航空公司的市场部经理托马斯·J·沃尔兹这样说到，『但是，谁又能对他的成功说些什么？』

怨言，因为他们为受到尊重而自豪。所以，西南航空员工的流动率为7%，是这个产业中最低的。

其实，凯勒尔这些古怪的做法都有一个精明的目的：创造一种协同的精神来提高生产率。

"的确，你在飞机上像被放牧一样对待，并且确实你只享受到花生和饮料，"俄克拉荷马州塔尔萨的一家石油研究企业的副总裁理查德·斯皮尔斯说，"但是西南航空尽一切努力使你准时到达所要去的地方，这是最重要的。"

"赫伯的幽默很有感染力。"凯·华莱士——空勤人员协会的一个地方分会主席说，"每个人对他的工作都很满意，并且意识到要付出更多的努力。"

评述

西南航空的低价位战略，是典型的"差异化经营"。

这种战略的一个鲜明特点就是，你无我有，你有我新。在企业涉猎的这块领域，步步领先，招招领先，敢做竞争态势的领跑者，让追随者望而怯步。

看到西南航空在低价位上吃到了大蛋糕，一些航空公司也想如法炮制，但是，西南航空说了："你来吧，我还能比现在的价位低，而且赚钱。"

西南航空有一条降低成本的方法，完全能在低价位上保持可观的赢利。这是许多大的航空公司所不具备的。

凯勒尔的幽默、乐观的性格有点像美国另一位企业家沃尔玛总裁萨姆先生。他们共同之处就是将自己的人格魅力转化成了企业文化的重要组成部分，并与其他企业文化做了"区分"——这也可以说是实施了一项最成功的差异化竞争战略,而且是别人永远没有办法模仿的。

是啊,凯勒尔只有一个,还属于西南航空了。

36. 老板到华尔街跳草裙舞

1918年，萨姆·沃尔顿出身于美国中部俄克拉荷马州的一个普通家庭。1940年6月3日，他大学毕业并取得商业学士学位，很快，他幸运地受聘于著名的彭尼公司的一家连锁店，他工作了18个月，钱没赚多少，走的时候把公司"让顾客满意"的经营方针牢牢地揣在了兜里。

1945年，萨姆·沃尔顿用自己的5000美元积蓄，又从岳父手里借了两万美元，在阿肯色州的一个小镇上开了一家杂货店。1962年，"沃尔玛减价中心"开业，到1974年，他已经在8个州建立了100家这样的廉价商店。1979—1985年，他又陆续建立了40多家大型仓储式商店。

萨姆·沃尔顿的兜里很少揣钱，总是将利润又投资出去，从阿肯色州，到俄克拉荷马州、密苏里州、田纳西州、堪萨斯州、路易斯安那州、内布拉斯加州……一直扩张到任何他想占领的地方。他不是直接进军大城市，而是在大城市郊外开设分店，等待城市向外延伸。这个"以静制动"的发展战略，既节省了创业资本，又适应美国商业发展的潮流。

萨姆·沃尔顿的成功，一是注重管理人才，二是重视企业文化。

萨姆·沃尔顿动用一切招法来营造使员工愉快的工作氛围。

"我们要让商店总是保持轻松愉快的气氛。你们说，好吗?"

萨姆·沃尔顿总是这样说。

"好——"不说好的是傻子。

萨姆·沃尔顿——沃尔玛公司的董事长，如果天生不是个乐观派，也是浑身长满了幽默细胞。他希望在公司建立起一种以轻松、活跃为特征的企业文化，这种文化能够激发员工的活力与激情，使大家在心情愉悦、平等交流的同时把工作做好。

他的想法真不赖，关键是他的做法也是独出心裁，而且是主动上阵。

萨姆建立了每周星期五早上的"商品会议"、星期六早上的"业务会议"制度。首先是在这两个会议上，沃尔顿贯彻他的所谓"吹口哨工作"的哲学：营造轻松快乐的会议气氛，调动大家的活力与激情，畅所欲言，集思广益，使每个人都感到自己是大家庭中的一分子。在"吹口哨"中，大家兴奋地探讨和辩论经营思想、管理战略，对各方面的工作提出改进意见。而他自己也常常带头宣泄激情。"吹口哨工作"使得员工的日常生活变得意趣盎然，生机勃勃。

沃尔玛公司成为欢快的乐园。

星期六早晨7：30，是沃尔玛公司的晨会时间。

萨姆穿上草裙和夏威夷衫，戴上花环，在华尔街上跳起了草裙舞。这一举动带来了巨大的广告效应，它使沃尔玛的文化更为大众所熟悉。当然，也有人认为萨姆这是在大搞噱头。萨姆才不管别人说什么呢。

萨姆把脑袋摇得拨浪鼓似的。如此重要的晨会，他要的是一种活泼、愉快的形式。

"我们的会不能像别人家的那么开。"

于是，他带头呼叫着鼓劲的口号来召集会议。

有时，他带领大家做做健美操，有时唱唱歌，或者喊拉拉队口号。

他还会请一些客人来，事先把保密工作做的还挺好。这些人物可能是一位与公司有生意来往的颇有创意、但尚不闻名的公司的经理；也可能是像GE总裁杰克·韦尔奇那样的大人物；也有可能是喜剧演员乔纳森·温特斯……每次把大家逗得乐不可支。

谁也猜不到星期六晨会将是什么样的形式，反正大家开始期盼了。

萨姆又怎么会让大家失望呢。

他会举行一些别开生面的活动——

模拟拳击赛，选手是他自己与公司员工。

邀请美国篮球协会（NBA）和全国橄榄球协会（NFL）的球星来参加比赛。

把著名的乡村歌手请来唱歌。

于是，会上，大家打破了障碍，在这儿没有谁高人一筹，也没有谁矮人一等，只有虚心地听取别人的建议。主管人员或员工代表可以自由地发表意见，融洽地交流。当然，萨姆也总能了解到公司一些不足之处，听取更多的意见。一旦发现了问题，立即着手在周末采取更改措施，不容拖延。

有一次，萨姆在会上与其得力下属戴维·格拉斯打赌。

当戴维·格拉斯提出公司的税前利润超过8%时（其竞争对手只能达到这个数字的一半），萨姆表示不相信。按照赌约，输掉的一方要在华尔街上跳草裙舞。大家都希望萨姆输，因为这说明奖金将会更多，而且还能欣赏一段草裙舞。不过，大家又不想让老板难为情。

唉——

萨姆真的输了！

萨姆践诺了。

他穿上草裙和夏威夷衫，戴上花环，在华尔街上跳起了草裙舞。

这一举动带来了巨大的广告效应，它使沃尔玛的文化更为大众所熟悉。

当然，也有人认为萨姆这是在大搞噱头。

萨姆才不管别人说什么呢。他只管自己说：

"如果没有那些娱乐和出人意料的事，我们怎么能让那几百个人——我们本维尔顿总部的大多数经理和员工——每个星期六早晨起来，笑容满面地来参加会议呢？如果他们得知，会上将有人单调冗长地报告一些报表数据，然后是一个关于业务问题的严肃的谈话，我们还能使会议气氛活跃吗？决不可能。即使召开了也毫无益处。"

评述

并不是只有感冒才能传染，快乐的传染力也是非常强的，而且没有成本。

很显然，萨姆搞的这套把戏，减轻了员工的负担，身心得到了愉悦，同时也增加了凝聚力，团结了队伍。可以想象，沃尔玛的员工们一定是把星期六晨会所产生的欢娱气氛带到工作中去了，而且他们也会想出一些既活跃气氛，又取悦于顾客的建议，促进商店愉悦氛围的形成。

谁不愿意到这样的商店花钱呢。

沃尔顿的办法非常简单：使员工高兴，让顾客满意。员工高兴了，再通过员工的努力工作，达到"让顾客满意"。由于员工高高兴兴地努力工作，顾客高高兴兴地来买货，沃尔玛公司的税前利润常常在8%以上，而同行们大多只有5%左右。

至于与员工打赌，本身就是"密切联系群众"的方式一种，愿赌服输，没什么可表扬的。但是能穿上草裙和夏威夷衫，戴上花环，在华尔街上跳起了草裙舞，不是一般人所能做到的。

了不起的，萨姆·沃尔顿！

链接

1992年，沃尔顿逝世。他创办的沃尔玛是全球最大的零售企业。

1997年7月28日，美国《福布斯》公布的全球富豪排行榜，1992年去世的萨姆·沃尔顿的遗孀和儿女所拥有的纯资产为276亿美元，居比尔·盖茨之后名列第2位。

1998年11月30日，在英国《金融时报》评选出来的"世界声望最佳公司"中，沃尔玛与麦当劳并列第17位。

1998年度，沃尔玛销售额达1392.08亿美元，居世界最大零售商业公司的第1位；利润额44.30亿美元，资产额492.71亿美元。

时至今日，沃尔玛始终是世界500强中的重量级企业。

37. 荀子就是我的教父

许多人知道松下、日立、索尼。

许多人知道丰田、本田、佳能。

这些都是日本的企业。

其实，人们应该知道日本还有一个西武集团。这个集团从20世纪70年代起，在第二代掌门人堤义明的领导下，实现飞跃，与新日本钢铁公司、三菱重工业集团并列为日本最大的企业集团。它总共拥有170多家大规模企业，员工愈10万人，经营的业务涉及铁路、运输、百货公司、地产、饮食业、高尔夫球、游乐职业棒球队、学校、研究所等100多个类别。在日本，没有一个地方没有西武集团；在国外，西武集团的旗帜随处可见。这家世界型的超大型企业素有"西武军团"之称。在世界著名财经杂志《福布斯》公布的全球最为富有的企业家排名中，堤义明在1987、1988年连续两年雄踞第一位，被认为是在世界上刮起了"堤义明旋风"。

其实，"堤义明旋风"是从一个"忍"字开始的。

1934年，西武集团创始人堤康次郎的侍妾石冢恒子，生下了一个儿子，取名堤义明。堤义明是一个腼腆、温顺、不起眼儿的孩子，但从麻布学园考入早稻田大学之后，富有主见，精力充沛，雄心勃勃。他和几位好友一起创办了早稻田大学观光学会，发动学生到西武企业去服务打工，表现出较强的组织能力和实践能力，被同学们推举为"领袖"。

大家奇怪堤义明为什么有这么大的根本性转变。

很简单，堤康次郎是一个合格的父亲，更是一位出色的企业家，他知道自己的一个任务就是培养西武企业的第二代当家人。堤康次郎常常与堤义明到家附近的公园去散步，灌输给儿子待人处事和经营企业的道理。

最为关键的是，他已经内定了这个在家族里地位不高的儿子为西武企业王国的继承人。

有一天，堤康次郎把堤义明叫到自己的房间，神情极其庄重地说："千万记住，在我死后的10年里，一定要照我的办法做，只有忍，才能守住我留下的产业。你即使有一千个绝对有把握的大计，也得死忍，一个都不要做。守10年，坚持10年的忍受，过后，你想怎么做就随你的想法去做。"

儿子遵守了父亲的训诫。

1964年到1974年，堤义明10年守业忍让，守住阵脚不乱，静观事变，眼看着那些急于求成的企业家们在这段时间里纷纷落马。

堤义明接管家业的第二年，正是三十而立之年，意气风发，但他却不得不面对一项重大选择。

那时，日本在进入工业旺盛时代，而且在1964年东京奥运会过后，工商企业蓬勃发展，几乎人人都肯定，土地投资绝对是一本万利的生意。

堤义明却做出一项惊人之举。

"西武集团，退出地产界。"

此话一出，震惊全日本。60年代中期，在日本连傻子都相信，炒地皮就等于自己印钞票。

有人开始怀疑堤义明是否可以掌控一个大企业。

有人开始中伤堤义明，说他是没有半点头脑的草包。

堤义明手下的八大要员，大部分都主张继续在土地方面投资，以便谋求最大利益。但堤义明的决定才是最后的决定。他当机立断："我们公司必须做出明智决定，如果全体一致同意，事情就不妙了……一致主张，时常有毛病。现在大家不同意我的想法，但我决定了，大家照我的话去做，没错。"

有人说，堤义明那时候已经拥有大量的土地储备，他不想再做土地买卖，是因为他在这个行业中赚得盘满钵满，所以才考虑放手。

的确，西武集团的土地，论面积，真的可以称为全日本第一。可是，在地皮行情最好的时候，堤义明放弃地皮的投机，并非是他已经握有大量土地资源。

堤义明外表沉静，内心却活跃得很。堤义明很小心地搜集到了足够的情报，经过分析，才做出这个确实的决定的。他预计土地的生意不可为，眼前的好景也就够维持几年的。土地的问题是供过于求，只有及时收手，抽身而退，才不至于在大灾难到来的时候烧得遍体伤痕。

堤义明的看法果然没错。

过后很长时间里，土地投资者在炒卖的漩涡里受尽折磨，很多地产投机者陷入困境，难以自拔。

堤义明以退为攻，占领了休闲、观光为主的服务业——大获全胜。

光守业，靠忍让，是不能刮起"堤义明旋风"的。10年甘于寂寞，到了1975年，堤义明全面出击：酒店业、娱乐场、棒球队等等上的投资，捷报频传……由于他的稳健经营，使其成为席卷东南亚的金融危机中唯一未受影响的亚洲巨富，被称为"富翁中的富翁，领袖中的领袖"。

这个故事是说堤义明的"忍"的，至于他的"不放过每一个赚钱的机会"的故事，在此不表。

评述

这里的"忍"，不是无为，而是静观。

这里的"忍"，是在沉寂的表象下面，积聚爆发与突破的力量。

堤义明在谈到成功时，认为自己是从中国古代的哲人荀子身上汲取了智慧。他曾说"我的成功来自两个人，一个是我的父亲，另一个是中国哲学家荀子。如果说堤康次郎是我的父亲，那么荀子就是我的教父"。

堤义明在父亲去世后执掌西武集团，时年29岁。接任企业集团老板后，堤义明坚持把荀子哲学作为自己的经营处世之道：主张可为可不为。20世纪的60年代，日本地产业蓬勃发展，成为当时最赚钱的行业，堤义明审时度势，撤出地产界；60年代中后期，保龄球风行日本，日本的许多大企业纷纷拨出巨款，收购昂贵的土地建造大型豪华的郊区保龄球场，堤义明以其先见的洞察力，做出了激流勇退的决定。后来日本地产业萎靡，保龄球成为"死球"，堤义明的当机立断，使西武集团躲过两次巨大的灾难。

西武集团在"忍"之后的腾飞，要感谢其创始人堤康次郎。

先说堤康次郎对接班人的培养。选的很准，至少没有按资排辈。连堤义明都说"我是堤康次郎的儿子，不过，我母亲是他的妾侍，论名分，我并没有占到绝对的优势"。但堤康次郎却早早就把椅子交给了这个儿子坐。

再说堤康次郎临终前对堤义明的训诫，等于为堤义明的"万事开头难"定下了一个看似保守，实质安定平坦的光明前景和人生境界。

但堤义明也是那块料——企业家的料。

企业经营不能跟风。

20世纪的最后几年，有多少企业被网络经济的浪潮卷了进去，结果发现被搅动的泡沫远比浪潮多，结果被泡沫呛得喘不过气来。

企业家应该是站在最热闹的岸上而不湿鞋的那一种——人。

链接

堤义明继承父业，依靠"稳步推进，综合开发"的经营策略，率领西武集团南征北战，经过20多年的不懈努力，其一流豪华大饭店总数超过50家，房间总数达1万多间，其规模日本第一，世界领先。西武集团的很多大饭店都建有滑雪场、高尔夫球场、游泳场等配套设施，为日本旅游经济的发展，起了很大的推动作用。第一个试验田是东京地区的品川地区。当时，堤义明的品川王子大饭店已经开业，但效益一般。而在增建了溜冰场、滑雪场等娱乐设施之后，饭店效益大增。据说，索尼公司总裁盛田昭夫每次出国谈生意之前，都要首先住进品川王子大饭店，放松一下。

西武集团的度假饭店常常与所在地的道路、交通、水电等公用设施相配套，而且注重环境保护。这也就是为什么许多度假饭店、游乐设施的上马，常常与当地老百姓发生没完没了的矛盾和冲突时，堤义明却被一些地方请去联手搞开发建设的原因。

1987年，堤义明以拥有200多亿美元财产，被《福布斯》的"世界富豪排行榜"列为第1名，并连续8年位居"排行榜"首位。

38. 华贵与高雅的代名词

　　迪奥（Dior）的全称是Christian Dior，中文译名为：克里斯汀·迪奥。ChristianDior常常被喜爱的粉丝简称为Dior或是CD。"Dior"在法语中是"上帝"和"金子"的组合，金色后来也成了Dior品牌最常见的代表色。以克里斯汀·迪奥名字所创立的品牌自1947年以来，一直是华贵与高雅的代名词。

　　1947年，对于迪奥、对于法国时装、对于世界时装界，都是绕不过去的一年。这个时候，人们尚未从战争的阴霾中走出。巴黎的时尚界领军人物尚未完全恢复信心。整个时尚界萎靡不振，人们都在期待能有人带来一些振奋人心的惊喜，给时尚产业注入一针强心剂。

　　1947年2月12日，迪奥推出了他的第一个时装系列。此前，时装界对他的设计既满怀期待又不抱希望。因为战后重建，百废俱兴，许多家庭支离破碎，这个时候的时装，又能为人们带来什么？人们的担心不是没有道理的。看看二战后的巴黎冬天吧：一派萧条清肃，到处流露着冷峻的战争痕迹。此时巴黎女子上着笨拙的"盒子式"平肩裙装，下着平底鞋，在颓丧与无奈中怀想着曾经的"优雅与富丽"。正是这天，巴黎的蒙田路（Montaigne）30号，在一种隆重而又稍显紧张的气氛中，一场时装发布会开始了——

第一个模特出现了：她穿着花艳的大蓬裙，帽子斜遮上一只眼睛，目中无人的表情，妖娆、任性，但高雅。

接着是第二个、第三个：丰胸、窄腰、宽臀，自然的肩形，典型的巴黎形象。

一款款时装展示出来了！人们不再怀疑，不再挑剔，目光惊呆了，正可谓令人眼前一亮——那些收腰外套及宽身长裙，具有柔和的肩线，纤瘦的袖型，以束腰构架出的细腰，从而强调出胸部曲线的对比，营造出极其优雅和纤美的女性气氛，带来绝对的女性美感……在场的人无不为这一久违了的瑰丽场景所震撼。场内那些身着短裙和"盒状"夹克的女士们欣喜若狂，开始无意识地拉扯裙子下摆。

迪奥的设计，颠覆了所有人的目光，被誉为震撼性创作，与传统时装模式相比，恰是二次大战后时装界的一次革命。

这场发布会简直是在演绎战后人们对"和平"和"美"的梦想与期盼。迪奥唤醒了战后人们的时尚理想，同时，也使自己一夜之间成为"新世界的文明代表"。

一时间，迪奥名声大噪。迪奥带来的"新风貌"之后，一发不可收拾：不对称裙子、垂直形服装、O形、A形、Y形、H形、郁金香形、箭形……一系列独具匠心的设计，让他始终走在时尚的最前站。

1947年，迪奥被赞誉为"救时尚人民于水火"。1957年，迪奥先生因心脏病突发，在意大利离世。迪奥在巴黎

一时间，迪奥名声大噪。迪奥带来『新风貌』之后，一发不可收拾：不对称裙子、垂直型服装、O型、A型、Y型、H型、郁金香型、箭型……一系列独具匠心的设计，让他始终走在时尚的最前站。

时装界的10年，使得巴黎女装从整体到细节都发生了耳目一新的变化。

有人说，是迪奥让巴黎重回时装界的中心。

评述

1947年2月12日，迪奥推出的强调女性优美线条的柔软肩线、束腰与大圆裙的时尚新装时——

为什么在场人士感到惊艳？

为什么当时最具影响力的时任《时尚芭莎》美国版（Harper's BAZAAR）主编的卡梅尔·斯诺（Carmel Snow）惊呼：这是新风貌（It's a New Look!）！

"New Look"所造成的震撼离不开时代。

1947年，第二次世界大战才刚结束，欧洲许多国家的城市面临战火后的重建，包括法国巴黎。人们试图忘却惨痛的战争经历和记忆，重建家园。人们需要一种面对未来的崭新的生活方式和理想追求。

对美的追求因为硝烟的散去，开始在女性的心里萌动了。

但是，许多人忽略了这一点。也可以说忽略了一个巨大的商机。

在大多数人的眼里，当时的女性已经顾不上美了。

是啊，战火纷飞的年代，女人责无旁贷地成为抗击法西斯暴行的一道风景线。勇敢的男人走上前线了，她们纷纷加入工厂或农产的劳力工作，整天与机器和农田在一起，穿着宽松的上衣，直筒剪裁的裤装，为的是劳作时行动方便自如。当时盛行粗厚的牛仔布质，因为它们耐磨耐穿，而用垫肩所做出的夸张的肩部线条，只是希望女人也能像男人一样强壮——这是一种自我安慰。

所以，当迪奥女装的设计重点在于女性造型线条而非色彩，强调女性凸凹有致、肩形柔美的曲线时，人们发现"女性之美"又回来了。

也是迪奥，让不被欣赏的黑色成为一种流行的颜色。

迪奥的设计一扫二战后女装保守古板的线条。从此，迪奥一直是华丽女装的代名词。

链接

在迪奥（Dior）的发展史上，有三个年份不可不说。

一个年份是1947年。此前一年，迪奥在商业大亨马切尔·博萨克（Marcel Boussac）的帮助下，在巴黎创立第一家时装店。当时第二次世界大战刚结束，人们试着从战争中解脱出来，尤其是女性，为了战争穿上粗厚的牛仔布服装，打扮得像男人一样强壮。1947年2月12日，迪奥举行了个人首次时装发布会，推出突出女性曲线的柔软肩线、束腰与大圆裙的时尚新装，震惊时尚界。时任《时尚芭莎》美国版主编的卡梅尔·斯诺（Carmel Snow）惊呼：这是新风貌（New Look）。由此，迪奥开始长达10年的辉煌运营。

一个年份是1957年。这一年的10月，52岁的迪奥先生因心脏病去世，迪奥公司陷入混乱。之后的1968年，因经营问题，管理迪奥的博萨克集团将迪奥香水公司售予酩悦·轩尼诗集团，自身继续经营迪奥时装业务以及授权代理业

务。1978年，博萨克集团宣布破产，其资产被维洛特集团
整体收购。3年后，后者也陷入破产边缘。

一个年份是1984年。奢侈品业大亨贝尔纳·阿尔诺衣锦
还乡，从美国回到法国。他仅仅动用1500万美元的现金，
加上8000万美元的贷款，整体收购了维洛特集团。收购完
成，他立即售出集团的大部分资产，仅仅保留迪奥品牌和
乐蓬马歇百货公司两个部门。阿尔诺雄心勃勃地宣称，要
让一个濒临倒闭的小时装公司——迪奥起死回生，并成为
世界第一的时装品牌。

但是，没人相信他。

但是，贝尔纳·阿尔诺相信自己。

在迪奥演绎他卓越的新风貌（New Look!）之后的1949
年，一个男孩出生于法国北部城市鲁贝，他叫贝尔纳·阿尔
诺，父亲是一个实业家，经营一间建筑公司。1971年，阿
尔诺在大学获得工程技术学位毕业后，加入了父亲的公司。
1979年，子承父业，他成为公司总裁。他走马上任之后，
逐步将公司从建筑业转向度假地产。1981年5月10日，弗
朗索瓦·密特朗成为法国历史上第一个社会党人总统。新总
统发誓要使银行和保险公司国有化，增加对富人的纳税，
提高普通民众工资。这些计划令企业主和金融家们极感不
安。时局动荡。阿尔诺离开法国，前往美国发展。他在美
国顺风顺水，置办了房产，成立了新公司。一天晚上，他
需要一条浴巾，便去附近一家商店购买，在那里，他看到
了迪奥的产品。

回忆当时的情景，他说："迪奥让我突然想念起法国
来，我面前的东西明显地比其他产品高雅，在我的记忆中

占据了突出位置。"

就这样，一条浴巾将阿尔诺从美国牵扯回了法国。

1987年，酩悦·轩尼诗与路易威登合并成LVMH，奠定了一个奢侈品帝国的雏形。上世纪90年代开始，阿尔诺通过LVMH大举收购奢侈品牌，纪梵希（Givenchy）、芬迪（Fendi）、豪雅表（TAGHeuer）等纷纷被他收入囊中。但他把迪奥做成世界一流品牌的梦想始终萦绕于怀——必须找到一个领军人物，才能重新发扬光大迪奥。

1994年，锡尼·多里丹努加入迪奥，一开始负责皮具业务，之后负责国际业务，4年后被任命为迪奥时装公司CEO。与此同时，阿尔诺决心打破迪奥的盈利僵局，秘诀就是：挖掘品牌历史，找合适的设计师去表现这个品牌，以此清晰地定义品牌特质；严格控制质量和分销；精心营造市场宣传等。

时装本身的设计并不是最重要的，最重要的是这个品牌的定位和形象。要为迪奥寻觅一个既具有迪奥气质，又有商业智慧的设计师谈何容易。1957年迪奥先生逝世后，众多大师级人物先后出任迪奥设计师：伊夫·圣·洛朗（Yves Saint Laurent）、马克·博昂（Marc Bohan）、安弗兰科·费雷（Glanfranco Ferré）等。

人们都在期待，下一个能拯救迪奥的设计奇才是谁？

他是谁？

1997年，英国人约翰·加利亚诺（John Galliano）出任迪奥创意总监。对于这个选择，阿尔诺如此解释："我首选是一个法国人，但才华没有国籍，加利亚诺是一个和迪奥一样的天才。"

天才的加利亚诺在出任迪奥创意总监的第一年，适逢迪奥品牌50周年诞辰。此时推出的迪奥春夏系列，是加利亚诺的首场大考。他上演了"致敬＋革命"的矛盾主题——用经典的郁金香造型，向品牌创始人迪奥先生表达敬意；以美人鱼长礼服、中国风披肩、巨大的马赛族颈链，制造了新风貌（New Look）。加利亚诺对斜裁（Bias Cut）的成熟而巧妙的运用，极富个性且略带夸张的设计，令国际传媒将他称为高级时装的救世主。从初入迪奥对优雅经典的沿袭，到渐渐加入游戏和反叛的精神，动摇了高级时装一直以来高不可攀的地位。高贵与平凡，高雅与通俗之间的绝对界限被打破——这个天才将迪奥品牌再次推上了巅峰。

明星设计师成为迪奥的制胜法宝。1998年，出生法国贵族家庭的维克多·卡斯特兰（Victoirede Castellane）成为迪奥首位高级珠宝设计师，他大显身手。2000年，由年轻设计师艾迪·斯理曼（Hedi Slimane）主理的迪奥男装系列（Dior Homme），则将这个巴黎经典时装品牌推向新高潮。

自此，在CEO锡尼·多里丹努的主导下，迪奥时装公司的销售业绩也在迅猛增长。迪奥时装公司的销售额从1994年的1.27亿欧元，上升至2007年的7.87亿欧元；迪奥直营店数目则从1994年的6家，上升至2010年的220多家。那个经历沧桑后一蹶不振的巴黎时装品牌，已经成长为全球瞩目的奢侈品帝国。

但金融危机也让迪奥遭遇了寒流。其经营业务受影响最大的是美国和日本市场的萎缩；但中国和韩国的市场增长显着。

　　另据报道说，为保持公司的活力和更好地为危机后作准备，迪奥还将在新加坡、迪拜和圣彼得堡开业。

　　一起都在为2010年的走好打下基础。

　　拭目以待。

39. 昔日的辉煌决定明天的出路

　　瑞士钟表业以多样的步伐、准确的速度走过了沧海桑田。

　　400多年的历史足以让瑞士钟表与日月同辉。

　　1876年，瑞士引进美国的机械技术后，钟表业更是如虎添翼。20世纪60年代，瑞士年产各类钟表1亿只左右，产值40多亿瑞士法郎。瑞士钟表在世界150多个国家和地区"走动"，世界市场的占有率在50%—80%之间。70年代前期和中期仍保持有40%以上。

　　瑞士——"钟表王国"名不虚传。

　　辉煌常常就是火山口上。

　　70年代中期至80年代初期，日本、美国等国家和香港地区钟表业迅速崛起，在竞争对手的"挤对"下，"钟表王国"在辉煌的余晖下，步履蹒跚：1982年度的世界市场占有率猛跌到9%；手表年产量下降到5300多万只；出口量从80年代中后期的8000万只以上跌落到3100万只，销售总额退居日本、香港之后而屈居第3位。市场竞争失势，业界苦不堪言：两家最大的钟表集团ASUAG、SSIH，1982年和

1983年累计亏损5.4亿瑞士法郎；全国1/3的钟表工厂倒闭，数以千计的小钟表公司宣告停业，一半以上的钟表工人痛苦地加入了失业队伍……

瑞士钟表遭遇"停摆"。

为扭转衰落，瑞士7家银行联手投资10亿瑞士法郎，买下国内两家最大的钟表集团ASUAG、SSIH的98%的股票，并将这两大集团合并，于1983年5月组建钟表"康采恩（德语Konzern）"——斯沃奇集团——瑞士钟表业的"大本营"，聘请汤姆克担任总经理。

汤姆克何许人也——他能担此大任吗？

1940年，汤姆克出生于瑞士。他戴着瑞士手表考取了医学博士，也许是"钟表王国"对他的熏陶，1978年，他竟然出任埃塔钟表零件公司的总经理。

汤姆克在担任埃塔钟表零件公司总经理前后，就奔走呼号：瑞士钟表业如不大力发展电子技术，将会丧失"钟表王国"的地位。他还带领公司进行技术创新，在全国钟表业一片危机之中保持兴旺发展的走势。

这一回，瑞士是把振兴"钟表王国"的历史使命放到了他的肩头上。

大家的眼睛死死地盯着他，看他如何出手。

汤姆克出手就是：弃旧图新——摒弃对电子表不屑一顾的封闭观念，虚心学习对手的长处，追赶、进而领导石英表与电子表的新技术潮流。

许多人不敢苟同，也不愿意苟同。是啊，堂堂的机械表制造的老大竟然向石英表低头，没面子。

对于瑞士的钟表业，不是面子问题，而是生存问题。

汤姆克沉重地讲："瑞士钟表业衰落的一条重要原因，不是别的，是对为自己创造了无比辉煌的机械表特别珍爱，不容许加以否定；而对自己首创的电子表新技术视若儿戏，迟迟不愿意推上生产线，而日本和香港地区的钟表厂商则敏锐地认识到电子表和石英表的未来走势，抢先一步，走在我们前面了。我们是被自己打败的。"

同时，汤姆克让员工认识到与对手的差距：电子表可以组合在各种生活用具上，灵巧、方便；价值仅几十美元的石英电子表月误差不超过15秒，而"机械表之王"的劳力士的月误差一般在100秒左右，两者相比石英表无疑占有绝对优势。因此，在未来的几十年时间内，市场上手表需求量最大的将是准确而价廉物美的石英钟表，以及形同玩具的电子表。

汤姆克大声疾呼："死死抱定昔日辉煌不放，是没有出路的。"

汤姆克带领员工很快推出了一批新式石英表，其中最具竞争力的就是薄型斯沃奇表——被誉为振兴瑞士钟表业"旗手"。这种圆形长针日历表，全塑表壳表带，表身精美轻巧，并有许多不同的颜色，带有草莓、香蕉等多种不同香味。由于采用最新的制造工艺，零件比普通手表减少一半，且具有抗震性能强、防水性能好，并能经受得起30米深的水压等优点。在生产过程中，采用最先进的设备，如机器人操作等，因而性能稳定性高，生产成本却相当低：每只售价30美元。该表问世后，销量扶摇直上。

汤姆克看准时机，再次出手，这个时候，他已不满足"斯沃奇"畅销欧洲、南美、非洲、东南亚等地市场，他要

"师夷制夷"：进占石英表和电子表的"领头羊"——市场潜力很大的日本和美国。经过精心策划和广告促销，薄型"斯沃奇"首批出口美国400万只，一下子就被抢购一空；接着又进军日本，在那里开设日本瑞士钟表公司，1986年以一只7000日元的价格，在日本市场相当畅销。

瑞士人又一次看到了瑞士表在世界强劲的走势，心花怒放。

在视机械表为骄傲的氛围中，成功地推出反传统的电子表，汤姆克在产品结构的调整上迈出了可喜的第一步。但是，他不满足。

汤姆克又一次"弃旧图新"了。

过去，瑞士的"劳力士"、"珍妮·拉萨尔"、"欧米茄"、"浪琴"、"天梭"、"雷达"等名表，高档的每块售价达上万美元，但批量极小。如欧米茄和天梭表，生产品种款式分别多达1000种左右，其中许多品种生产批量极小，有的甚至每年仅生产几块。这不仅不利于提高生产效率、降低生产成本，不利于稳定质量，也给工厂的管理带来许多麻烦。汤姆克对欧米茄、天梭等表的产品组合进行全面整顿，弃"多品种、小批量"战略，缩小产品线的宽度，坚决淘汰一批利润不高的品种，扩大生产的批量，从而大大地降低了生产成本，而手表质量因标准化的提高也得以稳定；大力发展石英电子表，使得欧米茄电子表占到整个欧米茄表产量的50%以上，天梭电子表占到整个天梭表产量的60%以上，均实现了以电子表为主的经营战略——这就是他的图新：大批量、标准化。

汤姆克的"弃旧图新，领导潮流"，终于使得瑞士钟表业再度辉煌：上世纪80年代中期的世界市场占有率又恢复到40%，成功地超过日本、香港钟表而夺回了失落的"钟表王国"的王冠，再度称霸世界钟表业界。

评述

弃旧图新——不是说着玩的。

弃旧不容易。倘若过去一穷二白、一贫如洗也罢了，没有什么可留恋的，扔了也就扔了，没有包袱，没有负担。最怕过去风光、辉煌、无人超越，要想"了断"了事，没有勇气和胆识是办不到的。

过去的灿烂是光环，也是紧箍咒，让许多昨日的思维方式、行为方式走不出那个"怪圈"。汤姆克的"弃旧"首先是危机意识：死死抱定昔日辉煌不放，是没有出路的。从而让瑞士钟表业认清形势：对于瑞士的钟表业，不是面子问题，而是生存问题。

起死回生的办法不是没有，就是"图新"。

图新更难。

汤姆克以其杰出企业家的冷静与果敢，勇于摒弃对电子表不屑一顾的封闭观念，学习竞争对手所长，追赶、进而引领石英表与电子表的新技术潮流，在取得绝对优势之后，杀了个"回马枪"——转身进攻石英表和电子表畅销的日本和美国市场，重振"钟表王国"的地位与尊严。

传统的瑞士机械名表，是靠"多品种，小批量"而赢得高档、华贵声誉的。汤姆克又以其企业家的求真与睿智，勇于否定自己，适应市场环境的变化，进行企业再造，

"弃旧图新",实行"大批量、标准化"战略,靠大批量降低成本,靠标准化稳定质量。

汤姆克的卓越之处在于敢于否定:否定一个"钟表王国"坚守的过去辉煌,接着否定企业保守的经营方式。他在否定中让瑞士钟表从炼狱中获得新生。

参考书目

《你应该了解的世界品牌故事》，北京大陆文化传媒编著，中国青年出版社，2008年出版。

《宜家创业史》，（德）容布卢行（Jungbluth, R.）著，张千婷译，机械工业出版社，2007年出版。

《我的多轨人生》，（日）福原义春著；张哲、姜平译，中国青年出版社，2009年出版。

《管理48条突破思考》，范军著，台湾希代书版股份有限公司，2003年出版。

《创造卓越品牌必修的40堂课》，范军著，台湾希代书版股份有限公司，2003年出版。

特别鸣谢： 本书写作中引用了翁向东、王建坤、陈俊、尚鸣等管理学者、记者的有关资料，在此深表谢意。